新潮新書

ヤマザキマリ

YAMAZAKI Mari

貧乏ピッツァ

1018

新潮社

貧乏ピッツァ　目次

第1章　「貧乏」が私のかくし味

第2章　やっぱりイタリアは美味しい

第5章　忘れがたき思い出メシ

第1章

「貧乏」が私のかくし味

Ⅰ　私の貧乏メシ

今から二十五年ほど前に遡るが、フィレンツェで産んだ子供を連れて日本へ戻ってきた直後からしばらく、札幌のローカルテレビ局のワイド番組でイタリア料理のコーナーを担当していたことがある。

当時はまだ漫画だけで生計をたてていくのが難しく、幼い子供を育てることを踏まえると仕事をあれこれ選り好んでいる場合ではなかった。学生時代のチリ紙交換に始まり、イタリアに渡ってからの道端での似顔絵描きに高級宝飾店の店員、そして貿易商の通訳から店の経営まで実に様々な職種を手掛けてきたおかげで、職業に対する私の意識は開かれている。どんな仕事でも何でも来い、という気構えでいた。がしかし、まさかテレビ番組で自分の料理コーナーを持つことになるとは想像もしていなかった。

私が日本に戻ってきた一九九〇年代後半はすでにバブルも終わっていたが、イタリアで十一年間世知辛い暮らしを続けてきた私の目に映る日本はそれほど景気の悪いようにも見えなかったし、人々は相変わらず日々の消費生活を謳歌しているように思えた。私にプライベートでイタリア語を習いに来ていた奥様たちは高級な外国車に乗っていらしたし、海外旅行にも足繁く出向いていた。

当時、私がイタリアで暮らしていたと知ると誰しも「あら、素敵、羨ましい！」という反応を示していたが、絵の勉強をする傍らで、一生分の貧乏と社会で味わうべき辛酸を体験させられた国という印象しか無かった私には、裕福な彼らの「素敵」や「羨ましい」が何を意味しているのかがさっぱりわからなかった。この人たちは、イタリアのことがよく解っていないのかもしれない、と、街中にいくつもあったイタリアンの店先ではためくトリコロールの国旗を見ながら、毎日感慨深くなっていたものだった。

そんな数あるイタリアンの中でも当時評判だった高級店へ友人に誘われて行った時のことだ。メニューを開くと、私が貧乏時代に毎日食らっていた、〝素うどん〟ならぬオリーブオイルにニンニクと鷹の爪と塩コショウだけで味付けした〝素パスタ〟が、千五百円で振る舞われている。「ありえない……」と心中の思いを隠すことのできない私は、目の前で美味しそうにスパゲッティを食べている友人に向かって吐露していた。

「これはおそらくイタリアでも最もコストの掛からない一品で、原価はおそらく百円を切っていると思う」

私の発言に戸惑いが顕わになった目で私を見ていた友人だが、咀嚼中のパスタをワインで流し込み、周囲に店員がいないことを確かめて、「ほんと？　それ」と小声で問いただした。私はかつて自分が週に三度以上もこのパスタを食べていたこと、自分たちと同じようにお金の無い友人の家へ行ってもこのパスタが出てきたこと、少しゆとりがある時は五十円くらいのトマト缶を買ってトマト味にすると最高にゴージャスな気持ちになれたことなどを機関銃のような勢いの喋りで放出した。店の人に聞こえようが聞こえまいが、とにかく日本における表層的なイタリアのイメージに同調できずにいる私のストレスは、それらの言葉に変わって放たれ続けた。

すると、隣のテーブルに座っていた立派な身なりの紳士が突然私を振り向き、「どうしてもあなたの声が耳に入ってきてしまうので、すっかり聞いてしまいましたが、もしあなたの言っていることが本当ならば、ぜひテレビで〝簡易ローコストイタリアン〟というのを紹介してもらえないでしょうか」と声を掛けてきた。その札幌のテレビ局のプロデューサーとの出会いがきっかけとなって、私のイタリア料理コーナーがテレビで設けられることになったのである。

＊

とにかく私は、日本に蔓延《はびこ》るゴージャスなイメージのイタリアという違和感を払拭したかった。なので、その番組において私が作った料理の品々は、全て家賃もインフラ使用料も支払えずにいた私と同棲していた詩人の彼氏を飢え死にから救ってくれたものばかりだった。

生放送なのでうっかりプロセスを間違ってもつぶしがきかず、それでも強引に押し切って仕上げた料理は必ず推定原価を伝える。すると、北海道に暮らす多くの主婦から「あのガサツなひとのイタリア料理、とても参考になりました」「ローコストで簡単なのは助かります」などといったコメントのファックスが届き、一方イタリア料理店からは「あの女をテレビに出すのをやめてください」という苦情が届きまくったという。

とはいえ、私は嘘を伝えていたわけではないし、たとえばカテリーナ・ディ・メディチを経由してフランス料理の礎になったのがフィレンツェの宮廷料理などとされてはいても、イタリア料理は基本的に庶民の食文化として育まれてきたものである。フィレンツェという土地では豚でも牛でも羊でも、モツから脳みそ、そして骨髄に至るまであらゆる部位を食する傾向があるが、私が感受してきたイタリア料理というのは東京の赤羽や十条あたりの立ち飲み屋で出される料理に近い感覚がある。それ以前に、そもそも私はイタリアに限らず日本だろうと世界のどこであろうと、貧乏や困窮した社会を反映しているような、慎ましい食べ物が好きなのである。

イタリア貧乏時代に私がよく食べていたのは、先述した「アーリオ・オリオ・エ・ペペロンチーノ」以外にも、例えば「パッパ・アル・ポモドーロ」という硬くなったパンをトマトと煮込んだパン粥や、茹でたジャガイモにバターと塩コショウと安価なチーズをかけて溶かしたもの。ミネストローネもローコストな一品だが、ある程度作り置きさえしておけば、そこにやはり硬くなったパンを入れてさらに煮込むと「リボッリータ」という立派なトスカーナ料理となる。

リゾットだってグリンピースを入れて、上にオリーブオイルを振りかけただけで春らしい一品になるし、ショートパスタもバターとパルメザンに塩コショウだけでも十分に美味しい。イタリアンパセリを大量にみじん切りにしたものを溶き卵に入れて焼いた卵焼きもよく作っていたし、トスカーナ名物の豆と煮込んだパスタも空腹と困窮した生活の疲れを胃壁から癒やしてくれるご馳走だった。ピッツァも窯やオーブンなど焼ける装置さえあれば、シンプルな材料で経済的かつ満腹感をもたらしてくれる、貧しい南イタリアの社会を支え続けてきた大切な料理である。

ブラジルの「フェイジョアーダ」など南米のクレオール圏でよく作られている屑肉と黒豆の煮込み料理の類も、チリビーンズ系の料理も、手間は多少掛かっても食材費はそれほど掛からない上、腹持ちがするので立派な「貧乏メシ」と言えるし、インドや中東で食べ続けられている煮込み料理にナンやご飯というパターンも庶民の食文化発祥だ。

タイ北東部で空腹時に屋台で買って食べたコオロギの炒ったやつは染み入るような旨さだったし、中国の飯屋で食べた卵と白米だけのチャーハンとザーサイの付け合わせも、旅で蓄積した疲れを解してくれるような優しい旨さだった。材料が安価だというだけではなく、生きる大変さを支えてくれる素直な優しさや、激励してくれるような力強さが感じられるところが、「貧乏メシ」の特徴といえるかもしれない。

＊

考えてみたら、日本にもこの手の料理はけっこうある。おにぎりや卵かけご飯なんていうのもそうだし、日本各地にある味噌と具材をごった煮にした豚汁に代表されるような汁系の料理はどれも大抵美味しい。鍋料理もどんな具材を入れても楽しめるようにできている。

私は昭和一桁生まれで戦争体験者である母親に育てられたが、時々彼女が思い出したように作っていた〝すいとん汁〟は今でも時々食べたくなる。小学生の時に初めて読んだ「はだしのゲン」という戦時中の日本が舞台となった漫画の中に、一升瓶に入れた米を突いて精米し、それをお粥のようにして食べるというシーンがあるが、自分でもどうしてもやってみたくなり、「なんで今そんなもの食べなきゃいけないのよ」と嫌がる母に無理やり同じような薄いお粥を作ってもらったこともあった。

高度成長期に入ってからはインスタント食品の発達が著しかったこともあって、貧乏でもラーメンやカレーなら誰でも食べられたし、おでんのような料理だって食材さえあれこれ凝らなければいくらでも安く調理できる上、日持ちもして美味しい。

海外からの旅行客は、日本ではお金を掛けなくてもどこでも気軽に美味しい物が食べられると皆絶賛しているし、そう考えると日本という国はあらゆる国の料理を食べられるだけではなく、超高級グランメゾンから赤羽や十条の立ち飲み屋の一品百円の肴《さかな》に至るまで、食事のバリエーションに関しては他国に比類なく幅広い。それこそ、どんな地域のどんなバックグラウンドのどんな料理にも美味しさを見出し、楽しめるというのは素晴らしいことだ。

フォアグラにペトリュスの美味しさに酔いしれる舌が、スルメイカに焼酎までを堪能できる——そんな味覚に対する懐の広さが、社会での人間関係においても応用できたらどれだけ平和な国になるだろう、などということをついつい考えてしまうが、たとえそう都合のいいことにはならなくとも、味覚については少なくとも保守的に留めておくよりも多彩な味わい方ができるほうが、俄然お得な人生を送れるはずだ。

イタリアでの留学時代における貧困は辛かったが、そのおかげで慎ましくも美味しい料理法をたくさん学ぶことができたことは、自分にとってはちょっとした財産なのかもしれない、と今さら感じている。

Ⅱ　貧乏ピッツァ

方々で語っていることだが、私がイタリアへ留学したのは自分の意思によるものではない。イタリアに特化した好奇心も興味もなかったのに、思いがけない展開によって、気がついたらイタリアで絵画を学ぶという顚末になっていた。イタリアに到着してから美術学校に入学するまでの詳細は、インタビューやエッセイでは端折りがちになるが、今回のテーマであるピッツァを語る上でどうしてもこの時期に触れる必要があるので、あえて振り返ってみることにする。

＊

夏にローマに到着してからフィレンツェの美術学校に入学するまでの約三か月の間、

私は夫の祖父にあたるマルコという老人のはからいで、北部ヴェネト州の都市ヴィチェンツァに暮らす医師夫妻の家に住み込み、ベビーシッターをしながら地元の画塾に通っていた。

今思えば、マルコ爺さんとしてははるばる日本からやって来た私に、イタリアの暮らしやイタリア語に慣れてもらうためのやりくりだったのかもしれないが、当時こちらは高校で教わる程度の英語しかできず、イタリア語となれば一言たりとも喋れなかったので、なぜ突然見ず知らずの人様の家に赤子の子守として住み込むことになったのかよくわからなかった。ただ、子供の頃から「世の中はそもそも不条理にできている。とにかく郷に入っては郷に従え、深く考えずに前に進め」という昭和一桁生まれの母の教育を受けてきたこともあり、その状況の流れに抗うことはしなかった。

そもそも、イタリアという国に憧れや理想があったわけではないから、どんなことが起きようとも、人生は所詮こんなもんだと思えば諦めもついた。腑に落ちることなど何もなかったが、きっとこんなおかしな成り行きにも意味があることをそのうち知る日が来るのだろうと自分を説得しながら、毎日生後六か月の赤ん坊のオシメを取り替えつつ、貧しい国からやって来た移民の人たちと同じような心地で過ごしていたのだった。

ヴィチェンツァには米国の駐留基地があり、私が週に三回通っていた画塾に、その基地に所属する軍人の妻が通っていた。画塾に入ったばかりの私は英語が少し喋れたことでこの夫人と仲良くなり、週末になると彼女の家に招かれることが増えていった。ここのご主人の先祖は南イタリア出身、夫人も父親がイタリア人の家系だということで、自分たちにルーツのあるイタリアは馴染みやすいのだと、振る舞われる食事もイタリア料理が多かった。中でもご主人の先祖伝来という自家製ピッツァは夫婦の子供たちも大好物なので、日曜日になればご主人自ら作っているということだった。

ご主人のピッツァは丸い形状をしていなかった。オーブンに入れる四角いトレーに生地を隈なく敷き詰め、そこにトマトソースとモッツァレラを載せて焼く。焼き上がったピッツァは、ナイフで四角く切ってそれぞれが皿に取り分ける。イタリアの街中で見かける切り売りピッツァと要は同じである。

日曜のランチを終えたあと、作り過ぎたからと渡されたその四角いピッツァを持ち帰り、夕食の際に医師夫妻にも食べてもらったところ、「いかにもアメリカのピッツァって感じね」という感想が戻ってきた。まだそれほどイタリアのピッツァを食べた経験が無い私には、双方の違いを比較することができない。

何がどう違うのかと詳しく聞いてみると、アメリカのピッツァはだいたい生地が厚くて食べ応えがあり、腹持ちを考慮して作られているシチリアなど南部が由来だということだった。貧しい南部では、グルメな北部と違ってお腹を膨らませる必要があるから生地がこんなふうに厚くなるのよ、と話す医師夫人の言葉から、私は初めてイタリアの南部と北部に蔓延る経済格差を知ることになった。

＊

後日その話の流れから、私はこの医師夫妻に連れられて近所のピッツェリアへ出向き、彼らの言うところの経済的に裕福な北部のピッツァなるものを食べることになった。テーブルに運ばれてきたのは、焼く際にできた気泡に焦げ目が付いた薄いパリパリの生地に、パルマの熟成生ハムとカンパニア州の水牛のモッツァレラがふんだんに盛り付けられた、見るからにグルメなピッツァだった。

食べ方も、手に持ってそのまま頬張るアメリカ人の軍人の家とは違って、ナイフとフォークを使って中心部から切り分けて、具の載っている部分を先に食べる。夫人の皿には生地の縁だけが残され、それらが最後まで食されることはなかった。「一枚丸ごと食べるとお腹いっぱいになっちゃうから縁は残すのよ」。生地の厚い南部のピッツァが腹持ちのためだというのなら、確かにこの縁を残す食べ方は贅沢過ぎる。

今でこそこうした薄生地のグルメ系ピッツァは、イタリア中どころか世界でも当たり前になっているが、少なくとも一九八〇年代初期の日本で食べられるピッツァは、概ねアメリカ系の、パン生地の比較的厚いものだった。

アメリカのピッツァが南部系なのは、十九世紀後半から二十世紀初頭にかけてアメリカへ移民としてやって来た多くのイタリア人たちが、シチリアやカラブリア、ナポリといった南部の出身者たちだからだ。特にイタリア移民の多かったニューヨークやシカゴ、サンフランシスコといった都市で発展していったリトルイタリーなどの地域を中心に、ピッツァを出す店が増えていった。アメリカで最初にピッツァ屋を開いたのは、ニューヨークに移民したナポリ人のジェンナーロ・ロンバルディ氏による「ロンバルディーズ」だが、現在も孫がこの店の経営を引き継いでいるそうだ。

この店ではかつて、一律五セントのピッツァを買えない貧乏な人には、出せるだけの金額で対応していたという。確かに食べ応えのある南部のピッツァを一切れ食べておけば腹持ちがするので、ピッツァはアメリカにおけるイタリア移民を支え続けてきたかけがえのない食べ物だった。そして今でも、ピッツァはファースト・フードの代名詞として、イタリアに限らず世界中の人々の空腹をお手頃な値段と気軽な美味しさで満たしている。

＊

ヴィチェンツァでのベビーシッター期間が終わり、フィレンツェに移り住んでからの私の生活は、これも散々あちこちに書いていることだが、貧乏を極めたものだった。そもそも経済生産性の希薄な絵画などという道を選んだ時点で貧乏は必至なわけだが、間も無くできた彼氏も、音楽院で作曲、大学で文学を学び、自称詩人という、資本主義社会において全く救いの無い次元を生きる人だったため、金欠と空腹が生活のデフォルトだった。

時々日本からイタリアへ商品の買い付けにくる貿易商の通訳のアルバイトをしていた頃は、バブルの煽りで仕事の量も増え、家のライフラインが止められるような惨めな状況からは脱却できていたが、プライドばかり高い詩人の方は何をしても立ち行く気配がなく、結局どんなに稼いでもゆとりのある暮らしの実現にはほど遠かった。

そんな私たちにとってご馳走だったのが、街中で売られている切り売りのピッツァだった。切り売りピッツァは量り売りなので、重さと具材で値段が変わるが、懇意にしていた店の親父さんは私たちの貧しさを見かねて、いつも何某かサービスしてくれていた。値段を安くしてくれることもあれば、コカ・コーラをおまけにくれたこともある。閉店間際に行けば、売れ残ったピッツァをおまけに付けてくれることもあった。

この親父さんも若かりし頃にシチリアかカラブリアから出稼ぎに来て、そのままフィレンツェに居付いてしまった人だった。観光客相手の商売をあれこれ考えたところ、ピッツァであれば元値がそれほどかからないということで、思い切ってその店を開いたのだという。

確かに、ピッツァは生地を捏《こ》ねるための若干の体力を要する以外、調理法自体は至って簡単だし、作る回数を重ねることでコツを得て美味しくなっていく、というタイプの料理である。

貧乏話の続きになるが、その後フィレンツェの都市部を離れてしばらく暮らしていた田舎のアパートの上階に、やはりシチリアから移住してきた大工の一家が暮らしていた。子供も孫も一緒に暮らす総勢六人ほどの大家族だったが、この家のお母さんはとにかくよくピッツァを焼く人で、その際には必ず階下に暮らす私たちの分まで用意してくれるという芯から親切な人だった。

その家を訪ねているうちに私も彼女からシチリア風（厳密にはパレルモ風というらしいが）の生地の厚いピッツァの作り方を教わり、それがその後しばらく続く私と詩人の貧乏どん底暮らしを支えていくことになった。

小麦粉とドライイースト、そして塩とオリーブオイルに水があれば生地はできる。その上に載せる具材によって料理に掛かるコストは変動するが、トマトにモッツァレラとバジリコを載せたオーソドックスなマルゲリータであれば、数百円で数人前が作れてしまう。かつて北海道のローカルテレビでピッツァの作り方をこうした話をしながらお披露目したところ、地元のピッツァ店から「あんまり食材にいくら掛かったとか言わないでほしい」というクレームが来たこともあったが、ピッツァが安価な料理であることは事実なのだから仕方がない。

＊

今のような、生地の上に具材の載ったピッツァという形が作られたのは十六世紀だそうだが、その原型とされる、シンプルなパンとしてのピッツァの歴史は、新石器時代まで遡る。その後メソポタミアでは粉にした小麦を水で練って焼いたパンのようなものが常用食となり、古代エジプト時代にはそのタネを熱した石に付着させて焼くという手法が出来上がった。

古代ローマの詩人ウェルギリウスの作品では、この平たいパンに食材を載せて皿代わりにして食べるという描写があるが、それこそまさに現代のピッツァの走りと捉えてもいいだろう。現在でも中央アジアや中東などではこの手法で平たいパンを焼いている種族がいるし、トルコやギリシャで食されている、中に具材を詰める袋状の丸く平たい「ピタ」と呼ばれるパンも、古代ピッツァの系譜を継いでいる。インドのナンも言ってみれば、かなり原始的な手法で焼かれている古代ピッツァの一種だと言えるだろう。

そんな西洋文化圏の食べ物であるピッツァが日本で市民権を持つようになったのは、戦後になってからだ。厳密に言えば、日本の地域の中で最もピッツァが高い普及率をみせたのは米軍の影響を色濃く受けた沖縄だが、おしゃれな、いわゆる〝ピッツェリア〟と呼称されるような店は、元進駐軍のイタリア系アメリカ人が一九五四年に六本木で開店した「ニコラス」が日本で最初だった。東京オリンピックが開催された一九六四年には冷凍ピッツァ生地がアメリカから輸入されるようになり、現在のような宅配ピッツァの普及はかなり最近のことで一九八五年に始まったそうだ。

かつて駐日イタリア大使が「日本人が作るナポリピッツァが美味しくて驚いた」と言っていたことがあったが、食文化における外交性という意味では世界ナンバーワンと言っていい日本の職人は、ピッツァ作りにしても容赦がない。ピッツァ職人の世界コンクールにおいて、日本人の職人が入賞したり、グランプリを獲得したりするのも、今や全く珍しいことではなくなってきている。イタリア人の多くは、それでも自国の料理は自分たちの国でこそ一番のものが食べられるという信念を抱いているが、節操の無い我が家の夫などは「日本のイタリア料理は世界で最高だね」などと平気で口にする。そして日本へ来ると、必ず嬉々としてピッツァを食べにいく。

世界のどの地域でも受け入れられているB級グルメとして、ピッツァを超えられるものが果たしてあるのだろうか――。私の頭には、もう他に何も思い浮かばない。麺類なんていうのも歴史は深いが、ピッツァはどこのどんな地域のどんな種族でも、口にして嫌がる人はおそらくいないだろう。

＊

と、ここまで一気にピッツァへの思いを綴ってきた私だが、本音を言えば、ふだんあまりピッツァを食べたいと思うことは無い。

パスタと同じく、苦しい時代に安価だからと死ぬほど食べまくった料理が残すトラウマというのはなかなか払拭されないものである。今でもシチリア家族に教わったピッツァは作れるはずだが、その意欲がまだ稼働しない。どんなことにおいても、人生には加減というものが大切なのである。

Ⅲ　パンに挟んで食べれば世界は平和

一九八〇年代半ば、当時アパートを借りたばかりのフィレンツェで、同居人であるカラブリア出身の大学生ティナからボーボリ庭園散策をしないかと誘われた。人に世話を焼きたくなってしまう南イタリア気質そのもののティナとしては、イタリアにやって来たばかりで、右も左もわからない私を放ったらかしにしておけなかったのだろう。その頃のボーボリ庭園はまだ無料開放されていたので、ティナは天気がいいとよく散歩をしに行くのだと言っていた。通う予定の学校も夏休み中のためまだ始まっておらず、友人もいないフィレンツェを案内してくれるというティナの好意はありがたかった。

その朝、ティナは台所で熱心に何かを作っていた。何をしているのか覗き込んでみると、近所のパン屋で買ってきたばかりだという「ロゼッタ（薔薇）」という形状の丸いパンの間に、まな板の上に並べられた何かをせっせと挟み込んでいる。ティナの実家から送られてきた、唐辛子をふんだんに使った真っ赤なサラミだ。よく見ると赤玉ねぎのスライスも挟まっている。そこに塗り込まれたのは、これも自家製らしき真っ赤なペーストだ。

「外でパニーノを買うと高いし美味しくないから、これ持って行って庭園のベンチで食べましょう」

　ボーボリ庭園を歩き回っているうちにお昼時となり、「あそこがいいわ」とティナが指定した古い噴水の縁に腰掛けて、いよいよ例のパニーノが彼女の鞄から取り出された。周りを見渡すと、少し離れた場所で課外授業なのか、小学生くらいの子供たちもリュックからやはり各々のパニーノを取り出して食べている。

　ここで説明をしておくと、パニーノとは、イタリア語でパンを意味する単語「パーネ」の縮小辞で、要するに小さいパンということになる。ティナの使ったロゼッタなど、大人のこぶし大くらいのサイズのパンは全てパニーノであり、その間にハムやサラミなど具材を挟んだところでサンドウィッチ的な名称に変化するわけではない。

　具材の挟まったパニーノは、用途的には日本で言うおにぎりみたいなものである。イタリアでの携帯食、つまりお弁当と言えばまずはパニーノなのである。ただ、そのパニーノも、土地によって中に挟まる具材は様々だ。

ティナのカラブリア仕込みのパニーノは見た目を裏切らない辛さだった。

「辛いですね」とペットボトルの水で口の中のパニーノを流し込みながら呟くと、「なによ、まずいの?」ととても強い口調で問いただされたので、「いや、美味しいです、とっても。すごく」と慌てて付け加える。

ティナはアパートをシェアしている四人の学生のうちのもう一人、ナポリ出身のラファエルという男性と付き合っていたが、この浮気性の男に対して激昂したティナの壮絶な攻撃を何度も目撃してしまったためなのか、カラブリア仕込みの激辛パニーノの味は、ティナの人格そのものではないかと思えてならなかった。

「トスカーナのサラミが挟まったパニーノって味気がなくて好きじゃないの。はっきりしないじゃない、あのサラミの味」

そんな話で盛り上がってしまったせいで、ボーボリ庭園から帰りのバス停までの道すがら、私はバールの前を通り過ぎる度に店内にあるショーケースを覗き込んで、どんなパニーノが売られているのかを物色せずにはいられなかった。確かに、どのバールのガラスケースの中に並んでいるのも、サラミにペコリーノチーズ、または生ハムにモッツァレラというコンビネーションのパニーノであり、これはつまりイタリア全土におけるベーシックである。

＊

ただ、その後のフィレンツェでの暮らしで、私は生涯これを超えるものはないと断言できるパニーノに出会っている。それが、前作『パスタぎらい』収録「深淵なるモツのこと」でも取り上げた、牛の第四胃袋「ギアラ」を煮込んだ、「ランプレドット」のパニーノである。

こうして「ランプレドット」という文字を打ち込んでいるだけで口腔が唾液で満たされてしまうほど、このモツの煮込みを挟んだパニーノは私の大好物だが、これはフィレンツェ市内の、特定の屋台のある場所に行かなければ食べられない。モツ料理の種類の多いガチンコのフィレンツェ料理の店でも出しているところはあるが、やはりランプレドットは屋外の屋台の前で、あふれる汁を石畳の上にボタボタと滴り落としながら、紙コップになみなみと注がれた赤ワインと一緒に喰らうものである。

それと、当時付き合っていた貧乏詩人とお互いのわずかな所持金をかき集めてでも時々食べに行っていたのは、「サン・ピエリーノ」と呼ばれる歩行者用のアーチの中にあった、元々はワインの立ち飲み屋で作ってくれるパニーノだ。ここでは客のリクエストに合わせてオリジナルのパニーノを作ってくれるのだが、私のお気に入りは「ポルケッタ」という豚の丸焼きのスライスに、ポルチーニ茸の油漬けをみじん切りにしたものを載せた逸品である。あの店で出されていたパニーノは、当時の私にとってミシュランの星付きレストランなど目じゃないくらい美味しかった。

時々アメリカ人の観光客がやって来て、「ターキーとサラミにアーティチョーク、それでもってポルチーニに、ソースはマヨネーズにマスタード、ペルファヴォーレ」などとリクエストをしていたが、店の寡黙な老夫妻は文句を口にすることはせず、言われたままのパニーノを作って振る舞っていた。あの「パニーノテカ（パニーノ屋）」は、フィレンツェにおける知られざる名店であった。

＊

誰が最初にやり出したんだか知らないが、この、皿で食べるべき料理をパンに挟んでいっぺんに口に入れるというスタイルは、どちらかと言えば行儀が良いものではない。日本で言うと、ご飯におかずをぶっかけた丼ものに近い感覚なのかもしれないが、とにかくいっぺんに多くの食材を頬張る目的で編み出されたこの具材挟みパンを、ここではわかりやすく「サンドウィッチ」と称しておくとする。

サンドウィッチの世界は実に広い。ハンバーガーも、ホットドッグもカツサンドも、焼きそばパンも、とにかく具材が挟み込まれたパンを全て「サンドウィッチ」と括るのであれば、サンドウィッチという食のスタイルほどグローバル化を達成した料理法は他に思い浮かばない。

まあ、パンという古代から人間が食べ続けてきた食材自体が世界中に存在することを踏まえれば、別に不思議でもなんでもないことなのかもしれないが、知らない国へ旅に出て、何を食べたらいいのかわからなくなった時、とりあえずサンドウィッチ状のものに出会うと、言語のわかる人に出会えたような安堵を覚えることがある。普段気にしたこともないが、サンドウィッチには実にハイスペックな外交力が備わっているのだった。

歴史を辿ると、古代ローマ時代にはすでに羊の肉をパンに包んで食べていたというユダヤ人の記録が残っているが、おそらくそのもっと前の時代からこの食べ方は中東や地中海沿岸では普通に浸透していたはずだ。中世になると古くなったパンを皿がわりに、そこに食事を載せて食べていたこともあるらしい。皿としての用途を終えたパンは家畜の餌にされていたそうだが、地域によっては食器的役割をなすパンも一緒に食べてしまう文化圏が今もある。インドのナンとカレーの関係もそれに近いのかもしれない。

日本におけるパンの歴史は浅く、サンドウィッチが出現したのも、自分の親やおじいさんおばあさんの時代くらいということになるのだが、ほんの短い間にこの国ではあらゆる国のサンドウィッチが食べられるようになった。イタリアのパニーノも日本では「パニーニ」という複数形の呼称で、しかも平たくホットサンドにした形態のものとして浸透しているが、いつの間にか普通に日本で市民権を得ているのには驚いた。

＊

コロナ禍の自粛中に私がはまっていたのが、ヴェトナムのサンドウィッチ「バインミー」である。かつてヴェトナムやカンボジアを訪れた時に食べた、パリパリのフランスパンと、その間に挟まったほんのり魚醤の味のするエスニックな具材との絶妙なコンビネーションにはすっかり虜となったが、あの旅を思い出させてくれるようなサンドウィッチが東京でも食べられるのは、本当に素晴らしい。こうして何でも食べたいものを口にできる世界に慣れてしまうことへの危機感を覚えつつも、味覚の貪欲さには勝つことができない。

覚書ついでに、これまで私が訪れた世界で食べてきた忘れ難きサンドウィッチをいくつか挙げてみると、まずは先述したフィレンツェの「ランプレドット」と「豚の丸焼きのスライスとポルチーニ茸の油漬け」のパニーノ、そして、シリアで毎日のように食べていた「シャワルマ（ドネルケバブ）」サンド、同じくシリアで食べていたひよこ豆のコロッケ「ファラフェル」のピタパン挟み、ポルトガルのイワシの炭焼きのパン挟み、ブラジルで食べた「フランセジーニャ」というハムを挟んだサンドウィッチの上にチーズをかけて焼いたもの、キューバで夜遊び後に食べる「メディアノーチェ（真夜中）」という具だくさんのサンドウィッチ……。

最近であれば、日本の分厚い卵焼きが挟んであるサンドウィッチも大好きだが、今この原稿を書きながら食したのは、長崎の角煮が挟まった万頭である。これだって要はサンドウィッチだ。

この原稿を書き始めるまで、自分がこれほどサンドウィッチ好きであることを自覚したことは一度もなかった。ただ、海外を転々とする暮らしの中で、無意識のうちにこのサンドウィッチという誰にでも安心感を与える食べ物に癒され、そして励まされてきたことは確かである。と同時に、どんな地域のどんな食材であろうと、包み込んだ具材を美味しく演出してくれる、謙虚なパンの多元性と寛大さを痛感するのだった。サンドウィッチのパンのような人間でありたいものである。

Ⅳ　温厚で寛容な「悪魔」

様々な料理の具材として日々相当な量を消費しているにもかかわらず、ジャガイモという野菜についてじっくり考えたことのある人が、一体この世にどれだけいるのだろう。「ジャガイモ」という名称の由来が何なのかさえよくわかってもいないのに、〝ジャガ〟の部分だけがスナック菓子の商標の一部になっていたりする。久々に訪れた秋の北海道で、ジャガイモ収穫中のトラクターを見た息子が、「どこもかしこもジャガってるねえ」などと呟いているのを聞いて、だいたい〝ジャガ〟ってどういう意味なのだろう、と思ったのを機に、ジャガイモの素性を調べてみることにした。

ジャガイモは我々人間の飢えの窮地を救い続けてきた、心強くも頼り甲斐のある素晴らしい食べ物である。にもかかわらず、扱われ方に如何せん粗雑さがある点が、どういうわけか世界中で共通している。大抵どの国においても、ジャガイモは「ダサい」「垢抜けない田舎者」「愚鈍」というような形容の象徴になっているし、日本でも田舎っぽい人をかつて「イモ」と表現していた時期があったが、あの「イモ」とはジャガイモを指しているのではないだろうか。

イタリアの、少なくとも私の知る人々の間では、脂肪をため込み過ぎた体で少々行動が鈍い人のことを「ジャガイモの入った袋（sacco di patata）」と形容することがある。なんて失礼な、と感じる傍で、その形容のされ方をよくよく分析してみると、決してその対象者が心底から卑下されているわけではないことがわかってくる。

たとえ洗練されていなくても、多少垢抜けていなくても、存在そのものへの何気ない有り難みとシンパシーが「ジャガイモの入った袋」という形容にはほんのり含まれているのだ。見た目の様子は確かにニンジンやトマトに比べたらちょっとブサイクかもしれないが、普段の食生活におけるジャガイモ摂取率のことを考えると、我々はもっとこの根菜の存在を尊ぶべきなのではないかとも思う。

今、もしこの世からジャガイモが一切消滅したら、どうなるだろう。たくさんの人たちが極度の「ジャガイモ・ロス」に陥ることは間違いないだろう。ジャガイモの入っていないカレー。ジャガイモの入っていない肉じゃが。ハンバーガー屋からもフライドチキン屋からもフライドポテトが消え、ポテトチップスのようなスナックは伝説と化すに違いない。クラスの中では決して目立つわけではないけど、いざという時にはほかの連中が嫌がる頼みごとを快く聞いてくれたり、困ったことがあれば嫌な顔ひとつせずに力を貸してくれたりする、そんな同級生が突然居なくなってしまったら、結構な喪失感を覚えるはずだ。要するに、ジャガイモというのは食材界において、そんな立ち位置にあるように思う。

＊

「ジャガイモ」という日本での名称については、十七世紀にジャワ島からもたらされたという意味から「ジャワイモ」だとか「ジャガタライモ」と呼ばれていたのが変化したという説と、天保の飢饉で人々がこの芋によって餓死の危機を救われたことから「御助芋（ゴジョイモ）」と呼ばれていたという説があるのを知った。

確かにジャガイモは十五世紀に南米大陸からヨーロッパに導入されて以来、世界中の地域で「人間の飢餓を救う食べ物」の代名詞となってきたし、日本においても飢饉対策の一案として輸入されたのが、普及の発端である。欧州では、小麦を栽培するよりも効率よく収穫でき、寒冷地でも育つことが重視されて耕作範囲が拡張していったそうだが、世界五位のジャガイモ収穫国であるアメリカ（二〇二〇年まで）でも、最初はアイルランド移民による地道な耕作から始まったのだそうだ。十八世紀の独立戦争時、兵士たちはほぼ皆このジャガイモによって日々の飢えを凌いでいたという。

かのアダム・スミスも『国富論』の中で、小麦の三倍の収穫量があるジャガイモを、麦・米・トウモロコシに並ぶ世界四大作物のひとつとして取り上げている。北朝鮮の金正恩が食糧難対策としてやはりジャガイモの生産量を増やし、大量のジャガイモの前で、それこそジャガイモ的な満面の笑みで写っている写真を目にした記憶も新しい。ロシアなどの寒冷地でも、ジャガイモは大切な飢餓対策の食物であり続けてきたが、現在でもロシアとウクライナは、トップの中国、そして二位のインドに続くジャガイモ生産国となっている。

＊

そう言えば自分も、かつてイタリアで貧乏を極めていた留学時代、果たしてどれだけのジャガイモを食べたか計り知れない。ちなみにイタリア人は実はそれほど日頃ジャガイモをモリモリ食べているわけでもなく、知名度のあるジャガイモのニョッキも全地域で食べられているわけではない。普段はロースト状態のものが、肉の付け合わせとして出てくる程度だ。

しかし家庭科の授業で粉ふきイモを作らされた日本人である私にとって、ジャガイモはコストパフォーマンスの良い抜群の貧乏対策食材だった。当時付き合っていた詩人は「貧乏な立場でジャガイモを食べると、本当にもう行き場のない気持ちになるからやめてくれ」と言って、あまり食べてくれなかったが、私は彼ほど意識を高く持って生きていたわけではないので、空腹を解消できればなんでもよかった。

当時とても仲良くしていた、同じく絵描きの貧乏なイギリス人夫婦の家も、やはりジャガイモ消費率の高い生活を送っていた。時々遊びに行くと、「何もなくてごめんね」と食事で出されるのが、茹でたジャガイモとその上に目玉焼きを載せたプレートだった。田舎のオンボロ一軒家を借りて住んでいたこの夫婦の、暖房設備もない慎ましい台所のテーブルで、ホクホクの湯気の立つ茹でたてのジャガイモに塩コショウとオリーブオイルを掛け、出来立ての目玉焼きの半熟の黄身に浸したひとくちを口に入れた瞬間の、あの全身に沁み渡る滋養の感覚は、詩人の求めていたような意識の高い食材では叶えられない、唯一無二のものと言っていい。

幼少時、北海道に移り住んだ私たち親子の暮らしを支えてくれたのも、やはり紛れもないジャガイモであった。農家の子供たちにバイオリンの出稽古をしていた母は、収穫期になると月謝の代わりに頂いたジャガイモをどっさり車に積んで家に戻ってくるのが常で、私たちはそれからしばらくの間、ジャガイモを食べ続けるのだった。ジャガイモ以外にもトウモロコシをもらってくる場合もあったが、やはり食材としても栄養素としても重宝するのはジャガイモであった。

戦争体験者である昭和一桁生まれの母は、ジャガイモは戦争中と直後の辛さを思い出すと言いつつも、「北海道のジャガイモは甘味がある」と絶賛、幼少期のトラウマを克服し、気がつけばジャガイモのコロッケを山積みになるくらい作ったり、地元の人がやるように蒸した状態のものにバターと醬油をかけて食べてみたり、ホイル焼きにしたり、茹でて輪切りにしたものをソテーしてジャーマンポテトにしたりと、「ジャガイモ・ライフ」を満喫するようになっていった。

七年暮らしたポルトガルも、振り返ればジャガイモ消費の高い国だった。ポルトガルに行かれた方であれば心当たりがあるかもしれないが、レストランなどでイワシやアジのグリル焼きを頼むと、魚を載せた皿の片隅には、必ずと言っていいくらい茹でたジャガイモが付いてくる。南部のアレンテージョへ行けば豚肉とあさりとジャガイモを炊き込んだ料理が名物だし、リスボンでも干し鱈に揚げたジャガイモを混ぜて卵でとじた料理が定番だ。

隣国スペインでは、「トルティージャ」にジャガイモは欠かせない。ガリシア地方でタコとジャガイモの炒め物というスパイシーな一品を食べた覚えもある。フランスと言えば牛挽肉とマッシュポテトの「アッシ・パルマンティエ」や、「アリゴ」というやはりマッシュポテトとチーズを混ぜた料理が思い浮かぶ。インドにはジャガイモのカレーがあるし、ドイツでも食べられるジャガイモのパンケーキみたいなものはイスラエルやイランなどの中東でも似たものが食されている。

とにかくジャガイモは食材としての癖や自己主張も少なく、温厚で、オールラウンドに世界中の人々の嗜好に染まって満足してもらえる、驚くほど寛容な食材なのである。だから、何に対してもむしろとっつきにくい個性と向き合うチャレンジャー精神を楽しむイタリア人には、如何せん不向きな食材なのかもしれない。

＊

アンデス山脈のチチカカ湖周辺で栽培され、大航海時代に初めてヨーロッパに持ち運ばれたジャガイモは、その見た目の悪さなどの理由から「悪魔の作物」などと言われていたそうだが、それが何世紀かの後に、まさかここまで世界を席巻することになるとは誰も想像していなかっただろう。もしジャガイモが普及していなかったら、人口もこれほど増加していなかったかもしれない。

日本ではかつて向田邦子脚本の「じゃがいも」というテレビドラマが放映されていたが、ゴツゴツして一様ではないその見かけの通り、人間もそれぞれの生き様を持ちながらも社会でひしめきあっている、という意味を込めてこのタイトルにしたという。

私も先ほどジャガイモをクラスメートに喩えたが、確かに数ある野菜の中でもジャガイモにはどこか人間らしい味わいを感じさせられるものがある。見た目は不格好ではあるけれど、熱を入れればホクホク温かく、触っても食べても人間を温めてエネルギーを与えてくれるのだから、素晴らしい人格、ないし〝芋〟格の持ち主と言える。

芽を食べればソラニン中毒になってお腹を壊すこともあるから、気を許しすぎるのは禁物ではあるけれど、なにはともあれジャガイモは、とことん人間という生き物の脆弱さをわかっている食べ物なのである。

そんなことを考えていると、これから誰かをジャガイモに喩える場合、意味合いも変わってくるだろう。素朴だけど温かく、しかも献身的で優しい人に対して、思わず「あなたはまるでジャガイモのようですね」と口に出してしまう可能性も否めないが、本当にそれがジャガイモみたいな人であれば、きっとその言葉も優しく受け止めてくれるはずだ。

第2章

やっぱりイタリアは美味しい

Ⅰ　イタリア式長生きの秘訣

北イタリアにある夫の実家には、かつて二人の高齢者が一緒に暮らしていた。一人は夫の母方の祖母にあたるアントニア、もう一人は夫の父方の祖母であるマリア、つまり私のお姑《しゅうとめ》様の母と姑、ということになる。

アントニアもマリアも百歳を間近に老衰で亡くなってしまったが、晩年に至るまでどちらもとにかく頗《すこぶ》る元気だった。この二人は年齢的にも近かったが、アントニアは田舎育ちの天真爛漫な美人、片やマリアは良家のお嬢様で知的で上品という相違点を軸に、お互いをライバルとして牽制しあっている節があった。

例えば、いつもであれば、やれ車椅子だ杖だと自力で歩きたがらない二人だったが、客人が来るとなるとスイスイ自分の足で歩み寄っていく。「あらまあ、なんてお二人ともお元気なのかしら」と客人から感嘆されると満更でもないという表情で笑っているが、心中では自分と同じく虚勢を張って目一杯若さを装っている相手に対し、メラメラと嫉妬の炎を燃やしていたのだろう。時々、「あら、あんた、普段の杖はどうしたの？ どこかになくしたの？」なんて意地悪なツッコミを互いに入れ合っていることもあった。

二人が会話を交わせば、どちらも相手の耳の遠さを強調させるような喋り方をするのが興味深かった。九十七歳のアントニアに、「私の声が、き・こ・え・ま・す・か⁉」と九十五歳のマリアが大声で話しかければ、「あんた、そんなに大声出さないと自分で言ってることも聞き取れないのかい。そろそろ補聴器つけたほうがいいよ」とやり返すアントニア。闘争意識と嫉妬心も、持ちようによっては生命力を鍛えるきっかけとなる。

そう言えば、私の母がかつて飼っていたゴールデンレトリバーのピエラは、十歳の時に腫瘍を取る大手術をし、余命わずかと言われていたにもかかわらず、その頃新しい家族として一匹の仔猫が迎えられた途端、驚くべき回復を果たし、担当の獣医師を驚かせた。

「ああ、かわいい……」と人間たちが猫に向かって猫撫で声をかけようものなら、必ずピエラが「あ、あたしならここでーす！」と言わんばかりにどこからともなく駆け寄ってきて、正面から全力でタックルしてくる始末だった。その後彼女は老衰で亡くなる十九歳まで、猫へのジェラシーを燃やしつつも健やかに生き抜いた。

でも、何よりもアントニアとマリアの元気の源となっていたのは、食へのこだわりと欲求だった。

食事の場では二人一緒に並んで座っていたが、やはりここでも彼女たちの意固地が満遍なく露呈する。自分の皿とお隣の皿を比べ、盛り付けられた料理の分量のチェックに容赦がない。そして、味覚についても何かとこうるさく、やれオリーブオイルが普段のものと違うだの、パスタが硬すぎるだの料理人にあれこれと文句をつける。日常の食に対するあのしぶとい執着も、生命力をアップさせるエネルギーとなっていたことは確実だ。

ちなみにアントニアの好物は、豆がたくさん入った具だくさんのミネストローネにたっぷりオリーブオイルをかけたもの。マリアの好物は、「グラーシュ」という北イタリアの風土料理であるドイツ風の肉の煮込みに、やはりオリーブオイルをたっぷりかけたものだった。

オリーブオイルは前作『パスタぎらい』でも取り上げたが、彼らの日々の消費量を見ているとやはり長生きや健康と無関係ではなさそうだ。「イタリア　長寿　食事」とイタリア語のキーワードを入れて検索すると、やはりオリーブオイル（エクストラ・ヴァージン）がヒットする。そしてその他にも、イタリアで日々何気なく食されているいくつかの食品が長寿の秘訣として取り上げられている。

＊

実家のご近所の老人たちが九十歳を超えるのはすでに当たり前になっていたが、今やイタリアでは「センテナリアン」と呼ばれる百歳超えの人たちが全国に合わせて一万数千人いるとされていて、特に彼らの食生活は世界中から関心の対象となっているようだ。百歳超えの老人はイタリア全域に存在しているが、特にサルデーニャ島やイタリア半島南部の田舎に集中している。数年前まで世界一長寿だった女性は、北イタリアのピエモンテ在住だったが、比較をするとやはり温暖な地域のほうが長生きの人たちが多いようだ。

南イタリアのカンパニア州にある村アッチャロリは、人口六百人の三分の一が百歳超えであり、そのうちの二割が百十歳以上だという。この村では皆頻繁にイワシを食べているということがリサーチによってわかったそうだが、確かに南部イタリアやサルデーニャのような海に囲まれた島では、魚介類、特に青魚の需要が高いし、世界一の長寿国家とされる日本とイタリアの食においての一番の共通項は、なんといっても魚介類であり、アジやイワシやサバといった青魚は日常でも当たり前に食されている。

南部プーリア州出身の友人の得意料理は、家族代々受け継がれているというヒシコイワシのマリネだったが、彼女のおばあさんは当時百歳を超えていながら、自分で台所に立って料理をこしらえていた。

青魚には血中コレステロール値を下げたり、動脈硬化を防いだりするなどの効果がある不飽和脂肪酸が含まれており、さらに不飽和脂肪酸は脳の動きを活性化させ、脳卒中や認知症などを防ぐとも言われている。この不飽和脂肪酸が含まれたイワシが、さらに不飽和脂肪酸が含まれているオリーブオイルに浸してあるわけだから、そのマリネが長寿を叶える上での最強の一品であることは間違いない。

アントニアは、亡くなる数年前から私のことをなぜか「ナターシャ」と呼ぶようになったし、時系列が乱れまくりの話をすることも増えたが、夫の浮気話となると急に言葉に力が籠り、あらゆる詳細を的確に覚えているのにはびっくりさせられたものだった。

戦争直後の話をついこの間の出来事のように話せるあの記憶力は、やはり不飽和脂肪酸のもたらした効果なのかもしれない。

＊

かといって、毎日青魚を食べまくり、ガブガブ飲むほどオリーブオイルを摂取すればいいというわけではもちろんないが、米ハーバード大学のリサーチによって作られた地中海食のピラミッド式のチャートを見ると、イタリアを含む地中海沿岸の地域では、毎日適量のオリーブオイルの摂取があることがわかる。毎日ティースプーンに三、四杯が適量らしい。

オリーブオイルと言えば、悪玉コレステロールを減らすオレイン酸が多く含まれているが、このオレイン酸には美肌効果もあるという。確かにアントニアもマリアも皺は多くても肌質は柔らかく、弾力があって健康的だった。

オリーブオイルの特徴としてもう一つ重要なのがポリフェノールだが、ポリフェノールと言えば高い抗酸化作用があり、赤ワインやお茶やチョコレートにも入っているというので、健康志向の高い方は積極的に摂取されていることだろう。

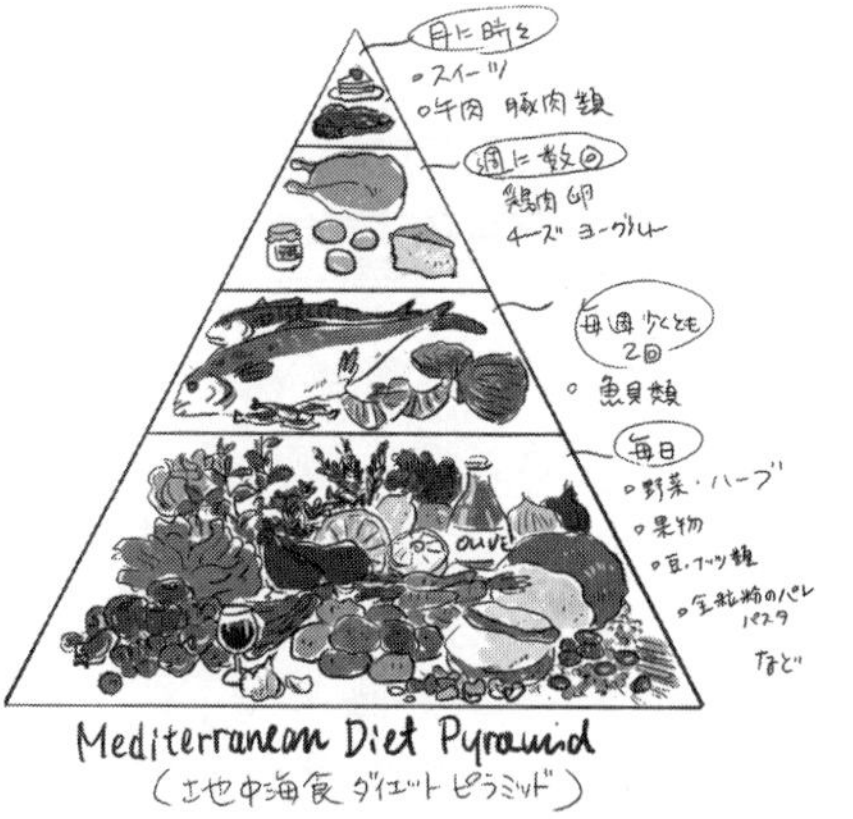

「Oldways」とハーバード大学が共同開発した「地中海食ダイエットピラミッド」(イラストは著者)

アントニアもマリアも、晩年まで食事の際には必ずグラス一杯の赤ワインを飲むのが習慣だったが、世界一の長寿に選ばれた百十歳超えの北イタリアの女性も、毎日コップ一杯の赤ワインを必ず飲んでいると話していて話題になった。これもオリーブオイルと同じで、たくさん摂取すればいいというわけではなく、食事の時にコップ一杯のみ、というのがミソだ。

こうして考えてみると、うちの婆様二人は不飽和脂肪酸やオレイン酸、ポリフェノールといった体に良いものが含まれている食事を日々取っていたわけであり、しかもそれが意図的ではなかったということも、また長寿への大きな教訓となるように思う。

＊

夫の実家の特徴として記しておきたいのは、野菜がとにかくふんだんに食卓に上ることだ。なぜかというと私の姑が家庭菜園をやっているからであり、そこで採れたものを極力捨てずに消費するため、我々家族は日々これトマトだ、インゲンだ、ズッキーニだなんだと、「もう勘弁してください」と弱音を吐きたくなるまで食べさせられるのである。

もともと都市部生まれの都市部育ちで農家でもなんでもない家柄なのに、たまたま引っ越し先に広い土地があるからと、あらゆる野菜やハーブの種をそこに植え込んだ。一時は分量を間違って植えた大豆が膨大に収穫され、毎日毎日大豆料理ばかり食べ続けさせられて、家族全員うんざりしていたこともあった。しかし、なんとこの大豆にも、血中コレステロールを低下させる効果と肥満を改善させる要素が含まれているという。無論、姑にはそれほど大豆に対する深い知識があったわけではなく、たまたまご近所の人がやってみたらうまくできたというので、自分もそれに張り合ってみただけの話である。

トマトやナスやズッキーニといった野菜も、結局はご近所の人たちがそれで「食費が浮いたわよ」だの「家で作ったのは美味しい」だのと口々に自慢しているのを聞いて、挑戦せずにはいられなかった、という周囲との張り合い的動機によって栽培されていたに過ぎない。そして、いざ作ったら作ったで、それを頑として家族に消費し尽くしてもらい、「やはり家庭菜園の野菜ってのは旨いもんだね」と称賛されたいという執念が、老婆たちの長寿を自然と促す結果になっていたとも言える。

　地中海食と言われる青魚やオリーブオイルやワインは、古代ギリシャ・ローマ時代から延々食べ継がれてきた筋金入りの健康食材であることは間違いない。やはり安寧に身を委ねてぼんやり過ごしている人よりも、若干張り出し気味の自我意識があったほうが、より一層効果的とも言えるのではなかろうか、とあくまで夫の実家の様子を見てきた立場として思う部分もある。ということはつまり、私のお姑様もまた、きっと健やかにいつまでも長生きされていくのであろう。

Ⅱ　最高の創造物――プリニウスも夢中だったもの

古代ローマの博物学者大プリニウスは、ミツバチ大好きおじさんであった。彼が記した『博物誌』の中でも、ミツバチについての項目のタイトルは「最高の創造物」であり、記述や分析、そして考証も他の生物よりもはるかに力が入っていて綿密だ。

プリニウスがミツバチをここまで賞賛する理由はいくつかあるが、彼が特に感動をしているのがミツバチの合理的な社会性と勤勉さ、そして当時から世界の人々が、すでに生活の嗜好品としていた蜂蜜の製造主という点である。

プリニウスの『博物誌』に記されていることの大半は、実は彼が読み込んだアリストテレスをはじめとする、過去から残された膨大な量の文献や資料に基づいているが、ミツバチについては珍しく、彼自身が実際に密着観察をした形跡が生々しく感じられる描写が多くて面白い。

プリニウス先生は、ミツバチの幼虫が育つところ（育児域）をリスペクトを込めつつ〝宮殿〟と称していて、六角形の小部屋はハチが六本脚の一本だけを巧みに動かして形成すると記録している。一本脚でせっせと作られた小部屋のひとつひとつは、一日ないし二日掛けて蜜で満たされるという記述など、まさに自らじっとミツバチの巣に目を凝らしているプリニウスの集中力と息遣いが生々しく感じられるような描写だ。

しかし、そうした実際の観察記録だけでは収まらないのがプリニウス節である。彼は持ち前の突出した想像力をもって、ここにSFスペクタクルファンタジーを盛り込んだ。

プリニウスによると、蜂蜜はシリウス星が光を放つ夜明け直前のみに空気中から発生するのだそうで、スバル星が昇るまでは〝絶対〟（〝絶対〟という言葉をプリニウス先生は好んで多用する）に作られない。そこに満月が重なれば、さらに多くの量が得られるという。プリニウス先生は、夜露を空気の汗と解釈しているが、蜂蜜もその空気の汗や空気の自己浄化による湿り気、もしくは星たちの〝唾液〟ではないか、と考察されていらっしゃる。その液体を吸収したミツバチが口から吐き出したものが蜂蜜になる、というのが彼なりの解釈である。

このプリニウスの分析を読んでいると、蜂蜜がめちゃくちゃスペシャルな創造物のように思えてくるし、当時の人々にとって蜂蜜がどれだけ尊いものであったかもうかがえる。そして実際蜂蜜は、太古の昔から人類にとってまさにこの上なくスペシャルな産物だったのである。

「蜂蜜の歴史は人類の歴史」という諺が古くからあるらしいが、スペインでは新石器時代に描かれた、養蜂をする人間の姿が壁画として残っている。古代エジプトにも養蜂の記録があるし、ギリシャ神話には「アリスタイオス」という養蜂の神様も存在している。お酒の神様である「ディオニューソス（バッカス）」も、そもそもは蜂蜜を発酵させた蜂蜜酒の神であったとされている。

蜂蜜の一般的需要が拡張したのは、まさにこの古代ギリシャ時代のことであり、当時は養蜂家同士が争わないように、養蜂用の敷地の距離を定める法律までできていたというし、土地の権利を蜂蜜と交換した人の記録というのも残っているそうだ。しかもアリストテレスの記述によれば、その頃のギリシャ人たちの蜂蜜消費量は、現代のものよりもはるかに多かったというから、当時もやはり甘いものの誘惑に勝てないスイーツ好き人間がたくさんいたのかもしれない。

そのまま舐めたり、何かに付けて食べたりするだけではなく、蜂蜜には酵母増殖を助ける力もあることから、紀元前二〇〇年のギリシャには、蜂蜜入りのパンが七十種類以上もあったのだそうだ。純度の高い地中海の蜂蜜を使った、ホカホカでほどよい甘みのあるパンは、さぞかし人々をうっとりさせるような味だったに違いない。

蜂蜜は、古代ローマにおいては料理の味付けとしても多様に用いられるようになっていく。彼らが嗜好していた当時のワインは、アルコール分が高いので、お湯で割り蜂蜜を混ぜて甘く飲みやすくしていたのだそうだ。

とにもかくにも、古代から今に至るまで絶えることなく人間に（人間だけではないけど）摂取され続け、商業品としても重宝され続けてきた蜂蜜は、まさにプリニウス先生が絶賛するように、「史上最高の地球の産物」なのである。

＊

そして何を隠そう、この私も実は大の蜂蜜好きである。世界のどこへ行こうと、必ずその土地の何種類もの蜂蜜を舐め、その土地の蜂蜜の味を知り、コレクション用に購入する。我が家のキッチンの隠し扉の中には、日本各地や世界各国の蜂蜜の瓶がぎっしり

著者の家にある大量の蜂蜜

並んでいるが、一番最近のものでは、タイのアカ族が採取した蜂蜜と、国内のものだとテレビの取材で訪れた壱岐の蜂蜜がある。

最近の私の手土産の流行りが蜂蜜で、どなたかのお家にお呼ばれしたり、対談でお会いするようなことがあったりすると、鞄の中から蜂蜜の瓶を取り出して献上するのである。受け取った人は大抵「えっ、蜂蜜⁉（なんで⁉）」というリアクションをするが、私が人様にお渡しする蜂蜜はそんじょそこらの蜂蜜ではない。

最近特にはまっているのが、シチリアのエトナ山の麓にしか生息しない黒ミツバチが、これまた古代時代の甘味料として用いられていた「キャロブ」という樹木から採取したものである（または、ハワイ島のホワイトハニー）。日本ではマヌカハニーが健康食として有名だが、この世にはもっと知られてほしい、美味しい蜂蜜がまだまだたくさんある。

＊

現代の人々は、古代ギリシャやローマの人たちと比べてはるかに蜂蜜の消費量が少ない。別になくても困らないもので、常備という扱いも受けていない。でも、蜂蜜は甘味という用途だけではなく、古代ではありがたい薬として様々な治療に使われていたということを、プリニウス先生の言葉を借りるならば〝絶対〟に忘れてはいけない。

今でも喉が痛いとか風邪の兆候がある場合に限って、蜂蜜やプロポリスは積極的に摂取されているが、プリニウス先生の『博物誌』によると、蜂蜜は体の中に混入したあらゆる異物を取り除き、腫れを引かせ、硬化を和らげ、筋肉の痛みを和らげ、不治とも見える潰瘍《かいよう》を癒し、衰えも抑制するのだという。煎じて飲めば肺炎にも効き、ワインと混ぜて飲めば傷、中毒、中風にも効くのだそうだ。

古代ギリシャの医学者ヒポクラテスは、蜂蜜は吹き出物にも効果があるとしているし、古代エジプトの医学書には軟膏《なんこう》、湿布薬としても用いられていた記録が残っている。要するにベトベトの蜂蜜を布に塗って、患部を覆うのも効果的ということだ。中国・後漢時代の書『神農本草経《しんのうほんぞうきょう》』には、野生の蜂蜜は五臓を安らかにし、精神を落ち着け、解毒作用を持って多くの病を治癒し、長く摂取すれば体は健康になって老いることもない、と記されている。

つまり蜂蜜はどんな人間の不具合にも対応してくれる奇跡の万能薬として、古代の人々の暮らしの支えとなってきたのである。

現代医学が発達した今を生きる我々は、つい眉唾気味にこうした記述を読んでしまいがちだが、先述したように咽喉の不具合があれば、古代の人だけではなく現代の人々も蜂蜜を舐めることがあるわけだから、全ての過去の記録がデタラメとは言い切れない。実際蜂蜜には強い殺菌作用があることが立証されており、負傷した古代ローマの軍人たちが患部に蜂蜜を塗っていたのは、感染から傷を守りつつ、それなりの治癒力もあったからなのだろう。火傷にも、水で冷やした後に薄めて塗ると効果があるともされている。古代ローマの詩人オウィディウスの著書『恋の技法』には、蜂蜜には精力増強作用があると書かれているが、実際現代の分析によっても、蜂蜜にはわずかながら発情物質があることが解明されたらしい。

*

とにかく蜂蜜は、常備しておけば、どこかで役に立つ時がくるかもしれない、ということである。いつまでたっても薬として使われる気配がない場合は、イタリアのチーズである「ゴルゴンゾーラ」や「アジアーゴ」などにちょっと垂らして、赤ワインの肴として消費すればいいのである（私の蜂蜜用途はほぼこれ）。

ちなみにアジアーゴの場合は、電子レンジでほんの少し、溶ける寸前くらいまで柔らかくして、そこに蜂蜜をかけると、より美味しいかもしれない。フレッシュなリコッタチーズが手に入れば、これもほんの少しだけ温めて蜂蜜をつけて食べるとめちゃくちゃ旨い。このチーズと蜂蜜の掛け合わせは、おそらく古代ローマ人の味わっていた味覚に近いものがあるはずだ。イタリアのチーズ以外でも、蜂蜜とマッチングするものはたくさんある。

ちなみに私の人生の目論見は、六十歳あたりまで漫画を頑張り、その後はイタリアの実家の広大な敷地の一部で養蜂を始めることである。人前でこの話をする度に、「え、養蜂ですか⁉　なんでまた養蜂……」と驚かれるが、義父はかつて友人の養蜂家に敷地を提供し、短い間だったが養蜂をやっていたことがあった。彼にはミツバチ愛が足りなくて長続きしなかったが、元来昆虫好きの私であれば、きっともっとやりごたえのある養蜂を経験できるかもしれない。

数年前、そんな意図を念頭に置いた状態で、ヴェスヴィオ火山の麓で養蜂をやっている夫婦を取材で訪ねたことがあるが、蜂蜜で細々と生計を立てているこの一家の慎ましくもなんとも幸せそうな様子は印象的だった。自然の恩恵を必要な分だけ分けてもらう仕事に従事する人々は、世界中どこでも謙虚で清々しい。「初めて誘われたデートが山でミツバチ採取だったのよ」と笑う奥さんにとって、ミツバチは「最高の生き物。そして私の大事な大事な子供たち」なんだそうである。

さすがプリニウス先生の息が吹きかかった地域に生きる人々の言葉である。養蜂をまだ始めてもいない私にとっても、人間の歴史を蜂蜜という「ワンダー産物」で支えてきたミツバチは、ことごとく素晴らしい昆虫なのである。

ミツバチ万歳、蜂蜜万歳。

Ⅲ　真夏の菜園――イタリア人の血はトマトで出来ている

コロナ禍でイタリアに戻ることができなくなり、夏になると実家でさせられていたいくつかの仕事をしないで済んでいるので、ちょっとホッとしている。今でこそ小規模化しているが、かつて義父母が自給自足を目指して作った百坪はある巨大な家庭菜園で、我々家族は皆季節労働を課せられるのだった。夫は自分の実家だし、マンマから甘やかされていることもあって、熱心に働かなくてもそれを苛《さいな》まれることもないのだが、どうにも義母に逆らえない私と息子は、毎夏この家を訪れる度に、日々の糧となる野菜のために雑草や虫の除去に勤しんだ。

義母の菜園には、トマトやサヤインゲン、ズッキーニにナスといった実用性の高い野菜が植えられていたが、義父の菜園では、あの青汁の原料となるケールとヴェネト州のアルパゴという地域特産の「マメ」と呼ばれている珍しいインゲンが栽培されていた。

ケールは、農家の友人に「体に良いから」と勧められて植えたそうだが、青々と真緑の巨大な葉を発達させたこの植物を、一度実験的に刈って湯がいて食べてみたところ、意表を突かれる苦味と口の中を満たしたえぐみに、皆で苦しみもがいた。まるで服毒したかのような有様だった。

「いったいなんてものを栽培してくれたのよ、しかもあんなたくさん‼」と、義母は口の中のものを吐き出すや否や、窓の外の畑に生い茂るケールを指差して夫に噛み付いた。

「でも、体に良いんだし、これくらいの苦味は我慢するべきなんだ」と義父は、眉をひきつらせると、はっきりこう言った。

「君たちは食べなくて良い。これは私が食べたくて植えたものだ。一日三食だって食ってやる」

ケールの強烈な苦味パンチにやられたショックで、皆その現実味の無い言葉に対して何の反応もできなかった。不味さと悔しさと意固地で、顔がどんどん赤らんでいく義父を少し気の毒に思った私は、日本ではこれを粉末にして水に溶かして飲む人もいる、と弱々しく告げてみた。すると、紅潮した義父の表情はふんわりと緩み、瓶底メガネのレンズの向こうで希望に満ちた瞳がきらきらと輝き出した。

義父は、早速刈り取った残りのケールを包丁で細かく切り刻み、水と一緒にミキサーに掛けた。その真緑色の液体には、彼の誇りと健康が懸かっていた。ところがコップに注いだその〝生青汁〟を一口飲んだあと、義父の頭はしばらく俯いたまま固まってしまった。考えてみたら、湯がいても苦かったその葉っぱを液状にしたところで、味や苦味が変わるわけではない。義母がそらみろ、と言わんばかりの顔でミキサーの中のケールの匂いを嗅ぎ、「うはあ、こんなの飲んでたら芋虫になっちゃうわよ」と大声で皮肉を言い放った。

結局そこで栽培されていたケールのうち半分は、刈り取られることなくその場に放置され、残り半分は義父が家に訪ねてくる人に「絶対体に良いから、なんとかして食べてくれ」と押し付けていた。その現場を目撃した義母から、「自分一人で食べると言ってたのはどこの誰だったか」と突っ込まれて大喧嘩になり、その後ケールという野菜がそこで栽培されることは二度となかった。

＊

翌年、ケールがあった場所に植えられたのは、白菜の種だった。義父曰く「私のため」に、知り合いの中国人から分けてもらったのだという。確かに中華や和食に使える野菜はありがたいが、白菜ばかりがこの敷地いっぱいにみっしり育っても、需要が追いつくとは思えなかった。それでも、あの超絶苦いケールよりはまだマシである。ネットで拾った白菜の美味しい料理法をいくつか義母に教えると、「ああよかった、今度は使えそうな野菜じゃないの」と安堵を示していた。これならケールのような顛末にはならないだろうと皆で楽観した。

夏休みの終わり近くに種植えを終えたあと、しばらく経って実家へ戻ってみると、白菜を植えたはずの菜園に、アマゾンのジャングルで見かけたことがあるような、大きくて逞しい葉を広げた植物が、鬱蒼と生えていた。なるほど、白菜の栽培は失敗してしまったのだろう。まあ、確かにそう簡単に欲しい野菜が育つとは限らない。

「で、これは何の植物ですか」と、私は謎の植物を指して義父にたずねてみた。

「何って白菜だよ」

「いや、違いますよ、これ。白菜じゃないですよ」と咄嗟に言い返すが、舅《しゅうと》はその植物が白菜だと言って聞かない。毎日念入りに水をやり、太陽の光をたっぷり浴びて発芽し、ここまで大きく順調に育ったのだと、その表情は自信と喜びに満ちている。

「みんな、マリがどんな白菜の料理を作ってくれるのか楽しみにしてるんだ。どうだい見事だろう？　で、もう刈り取ってもいい頃かい？」と期待に声を弾ませた。

「どんな料理って、こんな白菜、人生で見たこともありませんよ」と、試しに根元からひと株刈り取ってみると、ずっしりと重い。葉はゴワゴワと硬く、一筋縄ではいかない根性を感じさせる感触だった。確かにじっくり見てみると、葉脈の広がり方が白菜のように見えないでもない。しかし、白菜ならば茎はもっと白っぽいはずだが、私が手にしている植物は、根元の方まで緑色である。匂いを嗅いでみると、人間に食べられることを望まない灰汁の強い植物の臭気の中に、ほんのわずかながら白菜の気配を感じた。その時になって私は、やっとそれが白菜である可能性を認めた。しかし、そんなジャングルの植生のような有様の白菜を調理する勇気も気力も私には無かった。

「大丈夫だよ、見た目がマリの知ってる白菜じゃなくても、成分は同じなんだし、こんなに生えてるんだから、どんどん食べようじゃないか」と、前回のケールの大失敗のリベンジを図っている義父は、そのワイルド白菜を食べる気満々でいる。

仕方なく私は、芯の方のかろうじてまだ柔らかそうな葉を数枚切り取ると、それを湯がいて醤油と鰹節を掛けたお浸しにし、皆に振る舞った。湯がいてみると、それなりに白菜っぽくなったのには感動した。しかし、日本式に炊いた白米や茹でた素麵を口にして「塩を入れ忘れてるじゃないの」と大騒ぎをする義母をはじめ、イタリア家族には見た目も味もいかんせん地味だったのか、それほど皆美味しがってはくれない。義父だけが、「やっぱり野菜は採れたてに限るね！　ああ美味しい」などと白々しく呟きながら、一人で喜んでいた。

ちなみに舅がケールや白菜の隣で栽培していた「マメ」というインゲンは、無事収穫と乾燥に成功。ビニール袋に詰められた状態で、クリスマスの期間、皆にあまり喜ばれない「プレゼント」として配られた。

あまりにもたくさんあったので、ついには自分の家の前の道路にテーブルを出して販売を始めたいと言い出し、私はその日本語とも解釈できる「マメ」という呼称の由来を調べてほしいと頼まれた。販売するにあたり、お洒落なカードにそれを印刷して購買者に渡すのだという。残念ながら私には、アルパゴ地方の「マメ」と日本の「マメ」の接点は見つけ出せなかったが、豆類としては希少種であり、もうほとんどイタリアでは栽培されていないということがわかった。結局、「マメ」は一つも売れることがなく、これも義母に失笑されて終わったが、ケールや白菜と違って保存が利くという意味でも重宝したし、配られた人の中には希少種と聞いて栽培を試みた人たちもいるという。

＊

かたや義母の菜園は、しっかり日々の食費削減を考えた上での仕様になっていたが、これはこれでメンテナンスが大変だった。例えば、夏の間トマトなどは毎日鈴なりに実る。それをせっせと収穫しないと、そのまま腐ってしまうことにもなりかねない。同じくサヤインゲンもどんどん収穫をしていかないとダメになってしまうし、ズッキーニに至っては放っておくと巨大な瓜のようになってしまう。息子は、葉っぱについた芋虫をバケツのお湯の中に落としていくという仕事を言い渡されていたが、途中で芋虫があまりに可哀想だからと、収穫班の私と仕事を替わってほしいと頼まれた。結局芋虫はバケツには入れず、別の袋に貯めて、離れた野原にばらまくことにした。

収穫されたトマトは、家族が毎日どんなに食べてもなくならなかった。私は実はトマトが苦手なのだが（『パスタぎらい』収録「トマトと果物が苦手です」）、あまりにもトマトが減らないので、義母から「この機会に苦手な食材をなくす努力をしてみろ」などと強制までされていた。

生で消費しきれない大量のトマトは、その後全て保存用のソースとして加工されることになる。ソースを入れるガラス瓶の熱湯消毒から始まり、トマトを何度か軽く煮込み、ソース製造用の機械で潰して液状にし、瓶に詰めて蓋を閉め、さらにそれを熱湯で煮込まねばならない。そうやって、まる一日かけて作られた無数のトマトの瓶詰めは、家族や親族やご近所に配られるのだが、問題は義父母の家がある地域の人たちは皆家庭菜園でトマトを栽培しているから、どの家でも夏には大量のトマトソースが作られる。だから、他人様のトマトソースをもらったところで、誰も有り難そうではない。

でも、トマトソースはいくらあっても困るものではないから、くれる人がいれば断る術もないということで、義母の貯蔵庫には、どこの誰が持って来たのか記憶にもないトマトソースがいくつも保管されている。

ちなみに、世界におけるトマト生産量の変動は著しく、イタリアがトップだった年もあったようだが、ここ数年では中国での生産量が急激に伸びている。中国料理にどれだ

イタリア・ヴェネト州にある著者の夫の実家。調理をする姑（左上）とその料理（右上）。親族と食卓を囲む著者（下）

けのトマトが用いられているのかよくわからないが、イタリア国内における消費量も、相当なもののはずだ。

トマトを積極的に食べない私からしてみると信じられないが、コロナ禍で離れ離れになって久しいイタリアの夫から時々送られてくる食事の写真は、いつも赤い。昼も夜も赤い。こんなにトマトばっかり食っておかしくならないのかと思うが、「トマトならいくらでも食べられる、トマトは神の恩恵だ」と嬉しそうである。イタリア人の血はトマトで出来ている可能性がある。

今年（二〇二〇年）は私たちの手助けがないので、義母は一人でトマトを収穫してソースを作ったらしいが、親族が集まらないので誰かにあげることもできないし、本人たちだけでは消費もできない。そんなところにもパンデミックの影響が及んでいるわけだが、夫がその分も含めて大量に持ち帰り、「コヴィッド・ポモドーロ（トマト）」などと呼んで相変わらず毎日赤い料理を作っている。

炎天下での家庭菜園作業は、このエッセイでも表現しきれていないくらい過酷ではあったが、あの毎年の季節労働を全くしなくても良い今年の夏は、それなりに物足りなくもあるのだった。

Ⅳ　夏はメロンで乗り切るイタリア

二〇二二年六月、二年半ぶりでイタリアの我が家への帰還を果たしたのはいいものの、連日の猛暑と雨不足で目の前の小川はほとんど干上がり、日中はなかなか外に散歩に出る気分にもならず、凌ぎやすかった数日以外は、鎧戸を締め切った薄暗い部屋の中で、日没後の涼しさを待機しながら過ごすような滞在となってしまった。

北アフリカから吹いてくる南風に覆われることで発生するイタリアの暑さは、昨今の日本の熱帯雨林気候的な湿気を帯びない分だけ、不快指数は上がらない。とは言っても、ポルトガルでもスペインでも大規模な山火事は今や恒例になってしまったし、コロナ禍が完全に終息したわけでもない中途半端なこんな夏は、海や山で過ごすイタリアらしいバカンスを心底から楽しめるような気持ちにもなかなかならない。

そうなってくると、無論食欲も減退気味になる。夏はそもそも食欲が消沈する季節ではあるのだが、今回イタリアに戻った私も特にあれが食べたいこれが食べたいという意欲に駆られることがなく、毎日冷蔵庫の中から取り出す食材も同じものばかり。定番は、イタリアで「アフェッタート」と呼ばれている、ハムやサラミのようにスライスにして食べる加工肉とチーズ。それにメロンとサラダ。夫の実家へ久々に遊びに行っても、お昼のテーブルに並べられたのは、自分たちが普段食べているのと全く同じメニューだった。

幸い「アフェッタート」の種類が豊富なので、毎日市場に行っては、同じ生ハムでも作られた地域や熟成度の違うもの、様々な種類のサラミなどでバリエーションをつけて、飽きないように工夫だけはする。

私の暮らすパドヴァでは馬肉を食べる習慣があり、それこそ馬肉は夏バテに良いとされているので頻繁に調達するが、その時も我が家ではやはりメロンと一緒に食べるのが定番になっている。メロンには、肉を柔らかくしたり、肉のタンパク質を分解したりする酵素が含まれているとされている上、むくみを解消し、メラニン色素の生成を抑制するとも言われている、夏にぴったりの食べ物だ。

その効果がどれだけ認知されているかはわからないが、夏の間はどこの家でもメロンが冷蔵庫の中の空間を占拠し、他の食材はその片隅に押し込められるような状態となる。世界におけるメロンの消費量は、第一位の中国以外は、圧倒的に中央アジアと中東が占めているが、欧州だとイタリアはトップ、世界でも十本の指に入るほど高い。夏になれば、スーパーでも近所の八百屋でもメロンが山積みになっているのは、決して気のせいではなかったということだ。

＊

前述したように、メロンはあくまでハムなどの加工肉と一緒に食べるものとして消費されているわけだが、この果物（日本の農林水産省の分類では「果実的野菜」）が食材として用いられてきた歴史は実は古代まで遡る。

イタリア半島でメロンが普及したのは今から二千年前、帝政ローマの初期の頃と言われている。メロンの原産地とされるインドや西アジア、そして中東地域との交易が盛んだった地中海の沿岸地域では早くから栽培が始められていて、イタリア半島には古代ギリシャないしエジプトからもたらされたという説が強い。大プリニウスも「マルメロのような形をしたキュウリ」という表現を使って、当時食材として導入されてまだ間もないメロンを『博物誌』に記録しているが、この頃のメロンは甘味がなく、プリニウスの「キュウリ」という表現からもわかるように、野菜と同様の扱いを受けていた。

次第にメロンは、古代ローマの食卓において欠かせない食材となり、ディオクレティアヌス帝の時代には二百グラムを超える大きさのものには税金が掛けられるようになった。

中世になってようやく今の我々が知るところの甘いメロンというのが開発され、大航海時代にメロンは、野菜から甘いデザートという嗜好品の扱いを受けるようになっていった。今も様々な地域においてメロンはデザートとして食べられているが、イタリアでは未だにメロンは果実としてではなく、しょっぱい加工肉と一緒に食べるための果菜であり続けている。

そんなイタリアのメロンの味はと言えば、日本の甘やかされた環境で栽培されているメロンほどではないが、時々唸るほど美味しいものに出会えることもある。夕張メロンの初競が信じられないような価格でやりとりされているという日本のニュースが、イタリアのメディアでも報道されることがある。しかしイタリアのその辺のスーパーで売っている何気ない一玉三ユーロ程度のメロンでも、当たれば高価な夕張メロンなみの食感と味がするので、各国における同一食材の価格的差異について深く考えさせられることもある。

＊

そんなわけで、夏のイタリアで最も消費量の高い食材の一つがメロンということになるわけだが、イタリアとメロンの密接な関係は、実際現地にしばらく暮らしてみないと見えてこない、生活の側面の一つと言える。

もちろん、イタリア人全てが我が家のように夏にメロンと生ハムばかりを食べているわけではない。

日本では「イタリアでは夏になるとやはり冷たいパスタを食べるんですか」とよく聞かれるが、少なくとも私がこれまで滞在した地域や環境では、冷たいパスタを振る舞われた経験がない。昨今のイタリア料理のレシピサイトを見ると、冷たいパスタのサラダなどが取り上げられてはいるから、地域や家族によっては昔から食べられている料理なのかもしれない。しかしイタリア全土においてトラディショナルなものと言えるかどうかはわからない。パスタは茹で上がりの食感が命なので、ふやけて冷たくなってしまったものを、率先して口にしたがるイタリア人は、そんなにいないように思う。

日本では、昭和の時代からマヨネーズで和えたマカロニサラダというものが普及しているし、お弁当の中に冷めたナポリタンが添えられている場合もあるから、冷たいパスタに違和感を覚える人はいないのかもしれない。しかし、うちのイタリア人の夫はマカロニサラダを作っても、あまり食べようとはしない。彼には「パスタは温かいものでなければならない」という頑固な信念があるので、冷めたパスタを出されると、無条件に電子レンジで加熱処理してしまう。

その代わり、冷たい米は夏の間のメジャーなイタリア料理として存在する。「インサラータ・ディ・リーゾ」つまり「米のサラダ」と称されるこの一品は、作り方が至ってシンプルだということもあり、食欲が減退しがちな夏の最中にイタリア中のマンマが、多ければ週に一度や二度はこしらえているような印象がある。

この時期にスーパーマーケットへ出向くと、米サラダ用の具材が瓶に詰められた状態で、店内の目立つ位置にびっしりと並べられている。その種類も様々で、オリーブオイルに漬けたものもあれば、油分の無いヘルシーな仕様のものもある。具材は、大抵ニンジン、グリンピース、ピーマンなどといった野菜を細かく切ったものにオリーブやケッパーが入っている。これを茹でて冷やした米に混ぜれば、もうそれで「米のサラダ」の完成である。物足りなければ、ピクルスやツナ缶、ソーセージやハムに新鮮なトマトを加え、パセリで彩りを添えてもいい。

そういった調理の容易さも含めて、このイタリアの真夏を凌ぐ一品は、私にとって素麵やざる蕎麦と同じ立ち位置にある。しかも一度作り置きしておけば、二日間くらいは食べられるので、何をするにもやる気が起こらない夏には、ぴったりの一品だ。

長きにわたる貧乏学生生活を過ごしたフィレンツェでの夏の定番は、ローコストで腹の膨らむこの米のサラダか、「パンツァネッラ」というパンとトマトをかき混ぜたようなサラダをよく食べていた。これも実は、恐ろしいほどお金も手間もかけずにできる料理なので、トスカーナの人は夏の間、頻繁に食べている。

イタリアのパン、特にトスカーナの塩気のないパンは、買った翌日になると何か工夫をしなければそのまま食べるのは厳しいほど不味くなる。しかし、この硬くなったパンを細かく千切って、そこにぶつ切りにしたトマトやスライスした玉ねぎ、キュウリの輪切り、オリーブとケッパーを混ぜて、エクストラ・ヴァージン・オイルで和え、パセリで彩れば、たちまち見た目も小洒落た一品となる。我が家ではパセリの代わりにバジリコを使っていたが、ここにペコリーノチーズを細かく切って入れてもいい。

カプレーゼ・サラダや白身魚のカルパッチョ、イワシのマリネなど、真夏のイタリア料理は、どの地域においてもバリエーション豊富だが、こうした夏のイタリアンにはやはり白ワイン、個人的にはヴェネト州の発泡酒「プロセッコ」などがまさにぴったりマッチングしてくれるのでおすすめである。

*

実は我々がイタリアから戻ってきたその十日後に、今度はうちの夫が日本へやって来た。最初のうちは毎日スーパーで刺身や出来合いの寿司を買って、「日本食は最高だ」などと歓喜しながら美味しそうに食べていたが、ある日気がつくと、我が家の冷蔵庫の中にメロンがゴロンと一玉入っている。「何これ、どうしたの?」と聞いてみると、スーパーで安く売っていたから買ったのだという。

「刺身は素晴らしいよ。でも、夏の冷蔵庫にはやっぱりメロンが入っていないと、どうも落ち着かないんだよ」

我々日本人にとって、どんなに食欲がなかろうと夏の冷蔵庫に麺つゆが入っていないと、どうも心許ない、あの感覚に近いものがあるのかもしれない。個人差はもちろんあるだろうとは思うが、少なくともメロンが夫にとって、そしてもしかすると多くのイタリア人にとって、夏の象徴であることだけはよくわかった。

V　栗――文明を支えるスーパー・フード

二〇二二年の夏、一か月ほど東京に来ていたイタリア人の夫が、滞在中最も多く消費した食べ物は間違いなく「栗饅」だろう。結婚して二十年、過去にも日本を何度も訪れているし、その都度日本の食文化の多様性とそのクオリティの高さに胸を躍らせていたが、栗饅の存在に気がついたのは今回が初めてだったという。コンビニでお弁当を買って温めてもらっている間、ふとレジの傍の籠の中にある、つややかな楕円形の菓子に目が留まった。

「呼ばれた気がしたんだ」と、夫はその時の心境を表している。

「これは間違いなく自分好みの食べ物であるという強い予感があったんだ」

夫の予感は見事に的中した。一口頬張った栗饅の味覚と食感に全身全霊が法悦状態に陥ったという。こんなに美味しいお菓子を二十年も知らずにいたことを心底から悔やまずにはいられなくなったそうだ。

「さあ、君もほら、食べてごらんよ！」

長野の上高地へ向かって運転中の私の口元に、袋から取り出した栗饅を押し付けてこようとする夫を、後部座席の息子が「美味しいのはわかるけど、そうやって一方的に自分の嗜好を他の人にも押し付けるのはダメだよ」とやんわりたしなめる。私もそれに便乗し、「ごめん、私は栗饅ってあまり得意じゃないんだ」と伝えると、夫の顔にはたちまち失意と悲しみが浮き上がった。

「どうしてこんな美味しいものを……君たちの味覚は大丈夫かい？」などと心外そうに嘆くので、「栗饅って、どちらかというと年配の人の嗜好品だし、今時の若者はあんまり食べないと思うよ」と思ったことを口にすれば、「だって君はもう若くないじゃないか！」と配慮のかけらもない言葉がストレートに戻ってくる。

私をイラつかせてまで推したくなるほど栗饅が好きなのかと呆れるも、よくよく考えてみれば夫は〝無類〟の栗好きであり、それ以前にイタリア自体が世界屈指の「栗推し国家」だということを思い出したのだった。

「モンブラン」と言えば、素麵状の黄色い栗ペーストが生クリームの上でトグロを巻いている、日本の洋菓子界においては重鎮的存在とも言えるケーキだろう。モンブランが日本で普及するようになったのは昭和初期だそうだが、もともとはどこの国の菓子なのか、その出自を詳しく知っている人はそれほど居ないのではないだろうか。

「Mont Blanc（白い山）」というヨーロッパアルプスの名峰のフランス語読みであることから察して、フランスかスイスあたりが発祥地ではないかと思い浮かべてしまいがちだが、モンブランはもともとイタリア・ピエモンテ州の家庭菓子であり、イタリア語の名称だと「Monte Bianco（モンテビアンコ）」ということになる。

イタリアで画学生をしていた頃、仲良しだった女友達の実家がまさにピエモンテ州の北西部にあるフランス国境の小さな町で、一度遊びに行った時に、彼女のお母さんが私の目の前で名物のモンテビアンコを作ってくれたことがあった。大きな鍋の中には、すでに剝かれた茹で栗が入っており、それを潰してマッシュ状にしたあと、バニラエッセンスと牛乳と砂糖を加えて煮詰める。さらにラムとココアパウダーを入れて滑らかなペースト状にしたものを、大きな皿の上に尖った山のような形に盛り付ける。この家では、ペーストをうねうねとした素麵状にする器具を用いず、山の形に盛った栗のペーストの上から、フォークで縞模様を施していた。

ちなみに日本のモンブランが黄色いのは、栗きんとんをアレンジしたペーストだからだそう。ピエモンテのオリジナル・バージョンは、イタリアの栗の種類によるものなのか、まさに〝栗色〟で、しかもそこにカカオが加わるのでほとんどチョコレート色になる。この時点でのモンテビアンコは、噴火したてで土が剝き出しになった火山のようにしか見えないが、決め手はトッピングの生クリームだ。これをその山の上に積もった雪のような塩梅で盛り付けていくことで、アルプスの名峰が完成するというわけである。

出来上がったモンテビアンコは、大きなヘラやスプーンで雑に崩され、それぞれの皿に盛り付けられるだけで、日本のモンブランのような上品で可愛らしい様子で振る舞われるわけではない。そう言えば一時期、日本で一世風靡したティラミスにしても、イタリアでは大きな容器にこしらえたものをヘラやスプーンで掬い、そのままドサッとそれぞれの皿にダイナミックに盛り付ける家がほとんどだ。それが日本でアレンジされた途端、どれもこれも洗練されたスタイルに整えられるので、本家本元イタリアへ行ってこうしたオリジナルのイタリア菓子を食べる場合、実際はずいぶんガサツな盛り付けなのね、と驚く人もいるだろう。

*

ちなみに、このモンテビアンコは、イタリア各地で食べられている栗料理のごく一部である。デザートだけではなく、スープからパスタ、肉料理に至るまで栗を使ったレシピはいくらでもあるが、我が家のお姑は、秋になると田舎から大量にもらう栗を砂糖で煮てジャムに加工し、隣近所に配り歩いていた。

秋から冬にかけてイタリアへ行ったことがある人ならご存じかもしれないが、ローマやフィレンツェなど街の通りのあちらこちらに、移動焼き栗売りが現れる。コーンの形に巻いた藁半紙の中にその場で焼けたばかりの栗を十個ほど放り込んで、三ユーロくらいの価格で売っている。

思えば、イタリアで留学を始めた十七歳の秋、所用でローマに数日滞在していた私は、毎日フォロ・ロマーノやトライアヌスの市場といった古代ローマ遺跡あたりを当て所もなく徘徊しながら、通りで買った栗をひたすら食べまくっていた。

私にとってローマで最も印象的な食べ物と言えば、カルボナーラでもローマ風アーティチョークでもなく、通りで買い求める焼き栗であり、それこそ時代を二千年近く遡らせれば、栗は当時からすでに多くの人々の食生活を支える大切な食材だったのである。しかも、ポンペイやエルコラノから出土する家具には、栗の木材を使ったものが多いことから、栗は食材としてだけではなく、人々の生活のあらゆる場面で便利に活用されてきた樹木だったことが窺える。

ヨーロッパで氷河期前の層から世界最古の栗が見つかったそうだが、古代ギリシャでも栗は高い栄養価をもたらしてくれる食材、そして薬剤としても重宝され、その処方は何世紀にも渡って伝授され続けてきた。

例えば、偏頭痛に悩まされている人は、栗の葉と皮を入れて沸騰させたお湯を飲めば緩和され、心臓に疾患がある人には生の栗、脾臓《ひぞう》に疾患がある人なら焼いた栗を食べれば効果があるらしい。さらに胃や肝臓が悪い人には、焼いた栗に蜂蜜をかけて食べることが推奨されている。栗と蜂蜜のコンビネーションは解熱効果もあり、さらにプラムと一緒に食べれば、ペストのような疫病の予防にもなったという。

こうした万能薬的な性質を持つこともあり、その需要はどの時代においても衰えることがなかったが、中世の人口増加期には、栗の栽培範囲もますます拡張され、イタリアの栗はクオリティの高さゆえに、一四〇〇年代にはロンバルディア州産の栗が、パリで高価格で取引されていたという記録が残っている。

　小麦やその他の穀類が戦乱などで入手困難になると、人々は栗を粉にして代用するようになる。後世に戦争だけではなく飢饉などに脅かされると、人々はこの栗粉で飢えを凌いでいたという。何せ栗はミネラル成分が豊富でビタミンCやB_1、B_2といった水溶性ビタミンも含まれているという優秀極まりない食材なのである。日本の縄文時代を含む太古の昔から現代に至るまで、人々がこの木の実を常に食べ続けてきたことには、そうした歴然とした理由があるのだった。

　このように、人間の文明を支える要素が盛りだくさんの栗は、場所によって正義の象徴とされていたらしい。また、ヨーロッパでは「隠された美徳」や「普遍の信仰」を表すものとして、栗をデザインした家紋を使っている家もあったそうだ。栗は人類の文明とともにその確固たる存在感を保ち続けてきた、史上最高のスーパー・フードなのである。

*

と、ここまで調べながら書き続けてきて、今さらながら夫の栗饅嗜好を頭からバカにしてしまったことを少しばかり反省している。

スーパー・フードである栗が大好きで、栗饅の発見に歓喜していた彼を、もっと寛容な気持ちで受け止めてあげるべきだったかもしれない。たとえ私が栗饅の積極的な支持者ではなくても、栗へのリスペクトさえあれば、夫が押し付けてきた栗饅を自分が考えているより美味しく頂けたかもしれない。

しかし残念ながらあの時点では、私にとっての栗饅の印象は、祖父母の家に遊びに行った時に振る舞われる全く嬉しくないおやつでしかなかった。栗を使ったお菓子には、子供への媚びが全くない。贈答でいただくマロングラッセの、子供にはハードルの高すぎる酒を使った味の残念感も忘れられない。ケーキの詰め合わせを頂けば、子供たちで分け合って、最後に残るのはいつもモンブランだった。

「自分はこのままでいい。このままで何が悪い。嫌だというやつは食べなけりゃいいだけだ」とまでは言わないが、なんだかそんなような、時代の流れや地域性などに媚びなくても常に受け入れられてきたグローバル食材としての確固たる意識が、トゲトゲのイガに包まれた栗には感じられてしまう。庶民的なフレンドリーさを備え持ち、寛容寛大でありながらも、人類の文明にこれだけ長く食材として君臨し続けてきた強固なプライド。歴史上の偉人に置き換えると、フビライ・ハーンみたいなものだろうか……。

　とりあえず、このエッセイを書き終えたら、早速近所のコンビニへ行って栗饅を買ってこようと思っている。

Ⅵ　豆のエゴイズム

イタリア人は豆が好きだ。

「パスタ・エ・ファジョーリ」という庶民料理はイタリア全土で食べられているが、それは形が崩れるまで煮込んだインゲン豆にペンネなどのショートパスタを混ぜたもので、見た目は決して洗練された料理とは言い難い。しかし、食材費は安くて済む上に腹持ちがするこの一品は、イタリア人の日々の生活にとって欠かせない大事な豆料理でもある。

そんなイタリアの中でも、特化して豆の消費量が高いのはトスカーナ地方だと言われている。確かにフィレンツェで貧乏学生をしていたころは、常に豆を食べていた。代表的なものには「白インゲンのトマト煮込み（ファジョーリ・アルチェエッレット）」や、「リボッリータ」と呼ばれるミネストローネの煮込み過ぎみたいな料理があるが、安上がりで、しかも作り置きも利くのでしょっちゅう作って食べていた。

夫の実家があるヴェネト州では、トスカーナほど豆を使ったレシピは多くないように思うが、家の裏に広大なマイ豆畑を持っていた姑は一時期、毎日のように豆料理をこしらえていた。トスカーナではトマトと煮込んでいた豆の付け合わせが、ヴェネトになるとハーブやお酢で和えたこの地域の特徴的な味付けとなる。「豆はとにかく体にいいから食べなさい!」と、彼女が家族に半ば強制的に振る舞う豆料理は、インゲンに限らず、レンズ豆からひよこ豆に至るまで種類の範囲が広い。

特に年末年始、イタリア中の家の食卓には、食べれば食べるほど金持ちになると言われるレンズ豆の煮込みを始め、各種豆料理が並ぶようになる。イタリアのこうした豊富な豆料理文化の背景には、古代から構築されてきた食文化がしっかりと関わっているのである。

*

古代ローマ帝国が最大領域だった頃の属州に含まれていた、メソポタミアやエジプトといった地域では、すでに何千年も前から豆が食されていた。古代ローマの料理研究家であるアピキウスの料理本にも、レンズ豆やうちわ豆、ひよこ豆にそら豆、えんどう豆といった多様な豆類が、バルサミコ酢に近いビネガーや古代ローマ時代必須の調味料「ガルム（魚醬）」を用いたレシピで紹介されているが、属州が増えたことで豆を使った料理も種類が増えたはずだ。

豆と古代ローマ人との関係性は食文化だけに留まらない。ちなみに古代ローマ時代の人名には「ファビウス（そら豆）」など豆に因んだものがいくつかあるが、哲学者のキケロの先祖は、鼻のかたちがひよこ豆（Cicer）に似ていることから（厳密に言えばひよこの嘴《くちばし》に）、「キケロ」と呼ばれるようになったと言い伝えられている。

現在ヴァチカンのサン・ピエトロ広場の中心にある古代エジプトのオベリスクは、紀元四〇年に船でエジプトから搬入されたものだが、運搬の際に緩衝材として用いられたのが、なんと膨大な量のレンズ豆だったという。緩衝材として使われたあとのレンズ豆は、食材として市場で取引されることになるわけだから、合理的この上ない。このように古代ローマ文明と豆との関係性は、想像していたよりもずっと密接なものだったのである。

博物学者の大プリニウス先生によれば、豆は貧乏人が腹を膨らませるために食べる貧しい食材ということだが（おそらく育ちの良いプリニウス先生は豆があまりお好きではなかったのだろう）、古代ギリシャに生まれローマ皇帝の侍医となったガレノスは、豆にはタンパク質やビタミンなど豊富な栄養が含まれていることを察し、金持ちにも積極的に摂取を推奨するようになる。

紀元前の古代ギリシャやエジプトには、かつて地球の生命の起源を宇宙とする「パンスペルミア説」という古い信仰があったが、当時その名前を取ったあらゆる種類の豆を煮込んだスープが存在し、神への豊穣祈願として春の種まきの時期に食べられていたという記録も残っている。地中海文明を豊かに潤した数多くの穀類の中でも、豆は当時からいかなる経済状況の人間であろうと、空腹を満たし、健康を約束し、明日への活力を与えてくれる重要な食材として、人々の暮らしを支えてきたのである。

＊

西洋で豆と言えば、ここに取り上げてきたインゲン豆やレンズ豆などがその代表として挙げられるが、日本では、弥生時代に中国からもたらされた大豆が、豆の代名詞だと言えるだろう。

　インゲン豆が日本で普及したのは、今から四百年ほど前、十七世紀になってからのことだそうだ。隠元《いんげん》という僧侶が中国から伝授したので「インゲン豆」と呼ばれるようになったらしいが、大豆に比べればその歴史は浅い。普及したところで大豆ほどの市民権は得られず、インゲン豆は未だにどこか余所者扱いを受けている豆だと言える。要するに豆は麦や米といった穀類と違って、それほどグローバル化が進んだ食材というわけではないのである。

　東京に滞在中、イタリアや中東や南米の豆料理が懐かしくなって、作ろうと思い立つことがある。しかし、近所のスーパーへ買い出しにいっても、欧州のようにすでに茹でられた状態で缶詰になっているインゲン豆などはほとんど見かけない。日本では、インゲン豆は乾燥したものを調達して、水で戻して使うのが一般的で、缶詰の水煮が欲しかったら、西洋の食材を売っているスーパーへ出向くしかない。

　逆に、大豆は二十世紀初頭まで東アジアに限定された食材であり、世界に普及したのも人間の食材としてではなく、飼料作物としてである。確かにアメリカやヨーロッパでは、大豆は健康食品店などに行かなければ手に入らないところが未だに多い。

　大豆と言えば、イタリアでの学生時代、納豆が食べたくてたまらなくなり、健康食品店で乾燥大豆を買ってきて、極秘で入手した納豆菌をもとに納豆の大量生産を試みたことがある。しかし結局、温度管理に失敗したせいで、納豆を入れていた容器が大量の小蠅の飼育場と化してしまったことがあった。

シリア在住時には、どうしても豆腐が食べたくなって、やはり日本から持ってきたなけなしの乾燥大豆で実験を試みたが、最終的にはしょっぱい豆乳が出来上がったに過ぎなかった。大豆ではないが、ポルトガルに暮らしていた時は、どうしてもお汁粉が食べたくなって健康食品店で小豆を調達したものの、これもやはり思ったような仕上がりにはならなかった。あの頃の私にとって、確かに大豆は自分から果てしなく遠いところにある食材だった。

考えてみたら、豆料理はその地域に保守的なものが多いように思う。

中南米の諸地域では黒インゲンを使った料理、中東各国ではそら豆を使った「ファラフェル」やひよこ豆をマッシュした「フムス」、中国では豆豉《トウチ》や豆板醬《トウバンジャン》に豆腐、日本でも同じく豆腐に味噌、醬油に納豆など、豆の料理には地域性が濃く現れる。素材となっているのは、やはりそれぞれの地域原産か、または古くから用いられている種類の豆だということがよくわかる。豆というのはなかなか気骨があり保守的な食材なのである。

イタリア留学時代、安価でお腹を満たす「ルピーニ（うちわ豆）」の水煮を大量に食べたところ、中毒症状を起こして病院送りとなったことを思い出した。豆は体を健康的にしてくれる一方で、人体には危険な毒素を含んでいる場合もある。

豆にしても、そう簡単に人間のような雑食の生き物にバカバカ食べられているばかりでは遺伝子を残していけないから、それなりのやり方で抗っているのだろう。そして私のような塩梅のわからない人間が、的確に腹痛というジャッジを下されるというわけだ。

豆には豆のエゴイズムがある――などという取り付く島もない考察をしたところで何の役にも立ちそうにないが、世界を転々とする中で何気に豆で苦労してきた身としては、ついそんなことを考え込んでしまうのだった。

Ⅶ　ファースト・フードとスロー・フード

　コロナ禍以来、東京暮らしが続く私の食事は、今や週に少なくとも三回は出前頼りになっている。家での作業中、特に思うように原稿が捗《はかど》らない時は、気がつくといつの間にかPC画面には出前サイトのメニュー画面が開かれている。

　コロナ禍が深刻化し、デリバリーの需要が増えつつあった頃と比べると、出前サイトのレストランの登録数は二倍、いや、それ以上だろうか。最初の頃は「登録してある店はそのうち全て網羅してしまうことになるなあ」などと懸念していたものだが、今ではそんな心配は全くなくなった。毎回新規登録される店の数の上昇率もさることながら、注文できる食事のバリエーションもどんどん増え続け、私たちは本当にどんなものでも家にいながらにして食べることが叶えられるようになった。

中華料理店の本場重慶の火鍋、美味しいワインに合いそうなフォアグラやテリーヌなどの素敵フレンチ、こだわりのステーキ、アイスクリーム、たこやき、パン……。望みに適う食事は、どんなものだってありつけるのである。たとえ旅が思うようにできなかろうと、イタリアへ戻れなかろうと、食事さえ充実していれば大丈夫、という安堵が私の中に芽生えていた。

一日に五つも締め切りが重なって絶望的になっていた、とある日の昼下がり、私はいつものように出前サイトで逃避物色を始めた。注文することで仕事への意欲を一気に向上させてくれる食事を探し求めて、延々と画面に映し出される食事の画像をスクロールし続けた。目先にニンジンさえぶら下がっていれば、稼働力は覿面《てきめん》に上がる。寿司、蕎麦、オムライス。ヴェトナムのフォーにインド料理。焼き鳥、おでん……いや、違う。もっとこうワクワクさせてくれるような何かがあるはずだと、私はしきりに指先でスクロールし続けた。

しかし、どういうわけかその日は、それらの画像によって私の食欲が触発されることはなかったし、逆に食べ物の写真を見れば見るほど食傷気味になっていくのである。どんな料理を見ても、その味が即座に脳内で再生されてしまって、「食べたい」という希望的な願望に結びついてくれない。「ああ、あれね」と、若干冷めた気分で画面を確認し続ける時間が無駄に過ぎていくばかりで、ちっともワクワクできなかった。

仕方なく諦めてPCから離れ、冷蔵庫の中にあった食べかけの韓国海苔とうずらの燻製卵を二、三個頬張った。もうそれでいいような気持ちになって再び仕事場に戻り、原稿作業を再開しようと試みるも、三十分も経つと空腹の自己主張に全ての集中力が吸収されてしまって、ちっとも捗らない。しばらく悶々とした後、ダメ元であらためて出前サイトを開いてみることにした。

その時、真っ先に私の眼中に入ってきたのは、ファースト・フードのハンバーガー画像だった。さっきは全く意識が向かわなかったのに、いざハンバーガー画像が出てくると、同じ画面に映るドーナツやフライドチキンの写真にも目が留まり出した。

「これだ！」と私は歓喜した。

迷うことなくファースト・フードのハンバーガーとポテトのセット、そしてドーナツを一ダース注文。たったそれだけのことなのに、胸を撫で下ろすような解放感と安心感を覚え、その後の私の仕事も順調に進んだ。ふだんは滅多に口にすることのないファースト・フードだが、この時は「俺たちナシではあんたたちは無理なんだよ」とでも言わんばかりの自信に満ち溢れた存在感に、正直感服するしかなかった。

＊

グルメ大国で毎日どんなに美味しいものを食べ続けていても、時々ふと制御できない欲求をそそるファースト・フード。

労働効率を上げるために、安価でありながら高カロリーのものを提供するという資本主義的効率性によってアメリカで発展したこの食事のスタイルを、イタリアやフランスといった欧州のグルメ国家はどこか牽制している傾向があり、出店数も日本などに比べると少ない。うちの姑のように、普通にスーパーで売っている食品ですら、酸化防止剤などの添加物使用の有無や産地を吟味して選んでいるような人にとっては、許し難いものがあるようだ。彼女は日本へ旅行に来た時も、アメリカに我々家族を訪ねて来た時も、頑なにファースト・フードを口にしなかったが、そういうタイプはイタリアやフランスのような国では未だに珍しくはない。

一九七〇年代から八〇年代にかけて、アメリカのファースト・フードは世界を席巻しつつあったが、イタリアでは一向にその手のフランチャイズが開店するような気配はなかった。そんな中、それぞれの地域における地産の食材に目を配りつつ、それらを使った健康に良い料理を、時間をかけて食す、という提唱が、イタリアを始め欧州の人々の間で強く支持されるようになっていく。

焚き付けたのは、当時左翼系政治活動家であり食文化系ジャーナリストであったカルロ・ペトリーニという人で、いわゆる「スロー・フード」運動の生みの親である。ちょうど私がイタリアに暮らし始めた一九八〇年代半ば、ローマのスペイン階段付近にマクドナルドのイタリア第一号店が出店する話があった。それに反対するキャンペーンに関わって一躍有名になったペトリーニだが、あれから四十年経った現在も、彼の支持者は多い。ファースト・フードが大嫌いなうちの姑の本棚にも、もちろんペトリーニの書籍が何冊か置かれている。

とはいえ、かつてそれだけの物議を醸したにもかかわらず、スペイン階段近くのマクドナルドは、常に観光客と地元の人々で賑わっていた。当時暮らしていたフィレンツェに最初のマクドナルドがオープンした時も、地元のイタリア人たちが行列に並んでいた。ファーストだろうとスローだろうと、判断の決め手は、食べたいか食べたくないか、美味しそうかそうでないか。それだけだ。

そう考えると、一九四〇年代にアメリカに最初の店舗がオープンして以来、未だに食べ続けられているマクドナルドのハンバーガーは、味覚のグローバル化に最も成功した食品と言えるだろう。

＊

ご存じだとは思うが、マクドナルドは国ごとにご当地メニューというのがあり、定番以外のメニューは場所によって様々である。

ちなみにイタリアでは、「パニーノ」というイタリア独自のファースト・フードといえるサンドウィッチが存在するが、マクドナルドのホームページにあるメニューを見ると、ハンバーガーは「Panini」というパニーノの複数形で表記されている。他にも、中に肉を詰めたオリーブを揚げた「アスコリ風オリーブ」というイタリアらしいサイドメニューなどがある。

パンも肉も国産のものを使用というクオリティのこだわりも含め、「ファースト・フード」と一言で処理してしまうにはもったいない。トルコのマクドナルドでは今や世界中で食べられているケバブを挟んだ商品が売られているし、ドイツのベジバーガーに挟まっているのは豆をベースにしたコロッケのようなもの、フランスではマカロンやカヌレといったフランスならではのスイーツもメニューに並ぶ。チェコやスペインのマクドナルドではビールも提供しているそうだ。

「質の高い食材を使った郷土料理を守っていく」が、ペトリーニの唱えるスロー・フードのポリシーの一つだが、その視点で捉えるとマクドナルドのようなファースト・フード企業は、食文化における侵略者なのかもしれない。

かつての古代ローマ帝国も、あらゆる周辺国家を属州として取り込むことで巨大な帝国を作り上げた。彼らはそれぞれの属州をローマ化しつつも、その土地の土着の文化や宗教（頑固な一神教以外）を侵害することはなかった。そういった属州に、例えばローマ式の料理屋が進出したとしても、同時に地元の郷土料理も普通に提供されていたはずだから、そのあたりはマクドナルドの世界での馴染み方を思い起こさせる。

＊

自分たちの食文化を保持し続けるのは大事だが、時には意識が高くないものだって食べたくなる。スロー・フード支持者にしてみれば、そんなマーケティングにまんまと引っかかる私みたいな人間こそが最もどうしようもない存在なのかもしれない。しかし、何も毎日ファースト・フードが食べたいと言っているわけではないし、スロー・フードへのリスペクトもある。地産地消の心をこめた料理はいつでも大歓迎だし、そうした郷土料理をしっかり守っていかねばとは真剣に思っている。

けれど人間の舌というのは、自分たちが思っているより貪欲で寛容だ。

「食べたい物が食べられない」という理由で餓死してしまうのはゴメンである。「それで生き延びられるのならば、添加物が入っていようとなんだろうと食べますよ」という話を、以前姑としたことがあるが、「つまりあんたは食に対して節操がないのよ」と呆れられた。そして、「頼むから息子にあんたのその姿勢を強制しないでちょうだい」と忠告もされた。

しかし、私は知っている。シカゴ在住時に我々が暮らしていたハイライズマンションの一階にはマクドナルドの店舗が入っていたが、そこでハンバーガーを無心で頬張っていた夫のことを。

客も少なく、うらぶれた雰囲気の店内の窓際の席で、ハンバーガーにかぶりついている夫を思いがけず目撃した時、根拠が定かではない妙な勝利感を覚えたものだった。

外から自分を見ている私に気がついた夫が、家に帰って言った一言は、「なんだかわからないけど、時々無性に食べたくなるんだよ、ああいうのが……」だった。「大丈夫、お母さんには告げ口しないから」と、私は後ろめたそうな表情の夫を慰めた。まさに人々にそんな衝動を抱かせることが、ファースト・フードというものの真骨頂なのだと思っている。

第3章

素晴らしき日本の食文化

Latte giapponese

Ⅰ　地下の天国

海外暮らしが長いため、「日本の何が一番恋しくなりますか？」という質問を何度か受けてきた。質問者のほとんどは、私が「風呂です」と答えるのを期待していたのかもしれないが、残念ながら十年近く前に暮らし始めたパドヴァの家には、巨大な風呂が設えられている。だから、あの古代ローマ人が日本の銭湯に現れるという漫画を描いた頃の、入浴への渇望感を日々抱えて生きていた時とは事情が違う。

「風呂」という答えが返ってこないと質問者はがっかりするが、知ったことではない。今の私であれば、迷わずこう答えるだろう。

「デパ地下です」

デパ地下への恋しさは、海外滞在中に限ったものではない。日本に長期間滞在している時ですら、私は日々デパ地下のことを想いながら過ごしていると言っていい。日本の仕事場は二子玉川の近くにある。電車に飛び乗れば、ものの数分で物欲を掻き立てて止まない素敵なデパートに足を踏み入れることができるので、「ようし、この原稿が終わったらデパ地下に行って食べたいもの全部買うぞ！」と決意さえすれば、ペンの進みも格段に違ってくる。今のところ効果は抜群だ。

子供の頃の私にとってデパートは、おもちゃ売り場（おもちゃというより、私はぬいぐるみが好きだったのだけど）と、屋上のレストラン、ペット売り場、そして遊園地。若い頃はパルコなどのおしゃれデパートで、流行りのデザイナーズブランドの店巡り。

中年になって以降、目的のフロアと言えば、もっぱらデパ地下。地上階には気力と体力のある時しか上らない。同世代の友人と待ち合わせをするのもデパ地下。出先での用事が早く終わると、出かけるのはデパ地下。要するに、子供時代はあの高い建物の天空で補うことができていたワクワク感を、今では地表の下で得ているというわけだ。

そんなはずはないだろうと思って調べてみたが、デパ地下というのはどうやら日本独特のものらしい。もちろん、大型商業施設の地下が食料品店やスーパーになっている場所は世界にもたくさんある。リスボンに暮らしていた時も、私が足繁く出かけていたのは、移民たちが集まる広場に面して建っていた建物の地下にある食料品店だった。でも、それとデパ地下はまるっきり次元が違う。デパート文化の発達していないイタリアでは、あんな世界があることすら知らない人たちはたくさんいる。

＊

二十年ほど前、十一名のイタリアの親戚と友人で構成されるオバちゃんグループ（平均年齢六十五歳）を引率して日本を歩き回った時も、彼女たちが最も興奮したのがデパ地下だった。

「なに⁉　この信じられない空間は……」と瞳孔が開き、人の声など耳に入らないトランス状態に陥ったオバちゃんたちは、色とりどりの華やかなお菓子から美しくレイアウトされたお惣菜、パンや野菜や果物が並べられた地下空間を夢遊病にでもなったかのように彷徨《さまよ》っていた。そして皆、頭の中で同じことを考えていた。

「地表の下と言えば普通は地獄なのに、ここはまるで天国じゃないか！」

そして活気に満ちた販売員と、買い物に余念のない主婦たちのパワーにすっかり圧倒されていた。彼女たちはイタリアに帰った後も、集まる機会があればこのあまりに印象的だったデパ地下の話になる。

「あの地下天国は素晴らしかったわねえ、イタリアの食材もお惣菜も売っていたけど、悪くなさそうだったしねえ」

「あそこで買ったパンは世界一美味しかったわ」

「ガラスケースの中に並べられたお菓子の美しかったこと！」

「地下天国、最高よねえ」

オバちゃんたちの思い出話は尽きることがなく、今度日本へ行くことがあったら、もうお寺や名所旧跡巡りなんかいいから、その分二日間くらいゆっくりデパ地下だけを探索したいもんだわ、などと盛り上がっていた。

デパ地下というのは、いわば常設の食の博覧会場である。昔であれば、レストランや食堂の店頭に飾られていた蠟細工を真剣に見つめつつ、視覚情報から味覚の想像を膨らませるというあの感覚を、デパ地下では思う存分に楽しむことができるのである。

ちなみに年末年始に日本に滞在していたイタリア人の夫も、デパ地下に取り憑かれている一人である。

「散歩してくる」と出かけては、数時間後に二子玉川のデパートの袋を提げて帰ってくる。時にはケーキ、時には魚の煮付けや焼き鳥。イタリア風の惣菜に、果物と生クリームの挟まったサンドウィッチ。

「ねえ、この辺の人たちは家で料理なんかしてないんじゃないの」と問うてくるが、一人暮らしならまだしも、家族で毎日デパ地下のお惣菜なんか食べてたら破産しちゃうよ、と答える。デパ地下のお惣菜は確かに安くはない。夫が買ってきた、小さな容器に入ったラタトゥイユが五百円。イタリアで五百円分の野菜を買えば、何皿分ものラタトゥイユが作れるだろう。

でもデパ地下は、そのように値段が多少高いけど、滅多に作りも食べもしない惣菜を好きな分量だけ買い求めるという、ささやかな贅沢を楽しむ場所でもある。和洋中、エスニック、なんでも取り混ぜて、いろんな味を少しずつ楽しみたい。イタリアみたいに食に保守的な国では、こんな買い物のスタイルがそもそも定着するとも思えないわけだが、それでもデパ地下を訪れて感激するイタリア人を私はたくさん見てきている。

先述のオバちゃんたちが、日本の旅行中最も興奮していたのが、大阪や京都など関西のデパ地下だった。活発に買い物や立ち食いをしている客から放出されるエネルギーに、何某かの親近感を覚えていたのかもしれない。ちなみに私も仕事で関西方面へ行くことがあると、阪急うめだのデパ地下にある、甘いもの売り場に足を運ぶ。行くと必ずと言っていいほど、買う予定もなければ買いたかったはずもないものを、店員さんに推されてついついノーと言えずに買ってしまうのだが、これがまた楽しい。思いもかけないものと出会い、それが自分にとって生涯気に入りの嗜好品となることもある。

ちなみに私がデパ地下で見つけて以来大好物になったものに、大阪の老舗の飴屋で製造されている山椒味の有平糖《ありへいとう》というのがある。私が特に気に入っている「全国の銘菓コーナー」で見つけたものだが、いつだったか最初に見つけた東京のデパ地下ではもう置いていないと言われて、絶望的な気持ちになったものだった。それくらい私のツボにはまる味だったのである。その後私は、大阪のデパ地下でこの飴を入手し、東京へ戻る新幹線の中で、山椒のピリピリ感と繊細で脆い飴の食感にひとしきり歓びを噛み締めた。あの飴も、デパ地下という博覧会的環境ならではの出会いだったと思っている。

地下の天国、デパ地下。

確かにお風呂も温泉も私にとってなくてはならないものではあるけれど、ふと疲れた時に気持ちを満たしてくれるこのワンダーランドがある限り、まだまだ仕事を頑張っていけそうだ。

Ⅱ　世界一美味しい日本の牛乳

日本は海外由来のものに磨きを掛けて商品化するのが得意であり、それもまた、日常の入浴習慣と同様、日本人と古代ローマ人の相似点ではないかと私は捉えている。

例えば、もともとイギリスで開発された蒸気機関車は、その後百数十年の時を経て、日本において新幹線という高速列車へ進化を遂げたし、洋式便器は洗浄機能付きという世界で最も清潔を意識した便器に進化した。食べ物の分野においても、他国由来でありながら日本で磨きが掛けられて世界的な評価を得るものは少なくない。

ナポリで毎年開催される「世界ピッツァ職人コンクール」では、日本人が最優秀職人に何度も選ばれているし、様々な国で催される料理やお菓子のコンペティションでも日本の料理人や職人たちが数々の賞を獲得している。高度な技術をもって大衆レベルのニーズにこたえるという意味では、例えば古代ギリシャ人たちが哲学や倫理を習得する手段として演劇や音楽を鑑賞するために用いていた劇場を、古代ローマ人がやがて見世物のサーカスや闘技場の催し場として開発する感覚に似ているように思うのである。

前置きが長くなってしまったが、イタリアで友人たちとそんな話をしているところに夫が、「そういうことなら、牛乳もヨーロッパのより日本の方が抜群に美味しいね」と口を挟んできたことがあった。私は驚いて夫を振り返り、「牛乳？」と問いただした。日本に来ればイタリア料理は美味しいし、中華料理も美味しいしと、日本における海外の食文化の発展を褒めまくりの夫ではあったが、牛乳が美味しいという発言は初めてだった。

夫いわく、世界の様々な地域を転々とするたびいつも気になるのは牛乳の味だという。牛乳の味がまずいと、その国でうまく生活していけるかどうかの士気が、わずかながらに萎縮する場合もあるのだそうだ。実際、夫は日本に来る度に頻繁に牛乳を購入しては、そのまま飲むだけではなくシリアルにかけたりコーヒーに入れたりして、一日にかなりの量を摂取する。冷蔵庫の中には様々な銘柄のものが口の開いた状態で並んでいることがあり、日本語が読めない夫は、パッケージや値段の印象でアタリをつけて購入すると、それらをじっくり飲み比べている。

確かに牛乳を飲む習慣というのは、日本にもともとあったものではない。そう考えると、現代の高度な加工技術によって全国に流通している牛乳も、日本人のテクノロジーによる産物とも言えるだろうが、その味に関しては夫ほど固執したことはなかった。そもそも私は、それこそ北海道に暮らしていた子供の頃には浴びるように牛乳を飲んでいたが、十代半ばでイタリアに留学してからは、パタッと牛乳を飲まなくなってしまった。今もチーズや生クリーム、ヨーグルトのような乳製品は大好きでも、牛乳はあまり積極的には摂取しない。

思い起こせば、イタリアに留学した直後、私がスーパーマーケットで見つけた牛乳は、なぜか冷蔵庫に入っていなかった。パッケージに牛の絵こそ描かれてはいるが、牛乳が常温で置かれているはずがないと思って素通りしそうになったところで、一緒に買い物をしていたカラブリア出身の友達から牛乳はこれだと指をさされ、半信半疑で購入した。その後、家の冷蔵庫で冷やして飲んでみたのだが、自分がそれまで日本で慣れ親しんでいた牛乳の味とはあまりにもほど遠くて、牛乳って国によってこんなにクセがあるのかと驚いたのが、牛乳離れのきっかけになったのは確かである。店内を探せば、フレッシュ牛乳も売られてはいるのだが、置いてある数も種類も圧倒的に少なく、値段も高い。ヨーロッパの人は皆牛乳を積極的に飲んでいるものとばかり思っていたが、実はそういうわけではないことをその時に知った。

この常温での長期保存が可能な牛乳は、「UHT」という超高温殺菌法が用いられていて、「LL牛乳」という名前がついている。目にした記憶はないが、日本でも製造されているらしい。容器は紙製だが、内側は空気と光を遮断するためのアルミでコーティングされているのが特徴だ。

だが調べてみると、イタリアのような牛乳の消費率が他と比べてそれほど高くはない国でLL牛乳が普及した背景には、物流範囲の広さがあるという。私が子供の頃暮らした北海道は、そう考えるとやはり新鮮な牛乳には事欠かない土地であり、思えばヴィオラ奏者だった母のお弟子さんの中には酪農家の子供たちも何人かいて、大量の搾りたて牛乳が月謝代わりだったこともあった。もちろん味としては、生の牛乳よりは加工されたものの方が圧倒的に飲みやすいわけだが、そこからも日本において商品化される牛乳の味が、相当な進化を遂げてきたことがよくわかる。

＊

そもそも、ヨーロッパでも牛乳の飲用が始まったのは十九世紀中頃のことだという。欧米から日本に酪農が導入されたのが一八七〇年頃で、飲用として一般的に普及するのは一九三〇年代になってからのようだ。そう考えると飲料としての牛乳の歴史は、欧州と日本とではそう変わらないのである。

とはいえ、牛に限らずヤギやヒツジといった家畜の搾乳となると、歴史は古代にまで遡る。古代エジプトでは、人間がヤギの乳を搾っている紀元前に描かれた絵が見つかっているが、古代の人たちは牛よりもヤギやヒツジの乳を飲み、それを原材料としたチーズをよく作っていた。私が知るところでは、ヤギやヒツジの他にロバの乳というのも需要があり、クレオパトラやポッパエアのような古代の美女たちが美容のためにロバの乳を満たした風呂に浸かっていた話が有名だ。

牛も当時から搾乳されてはいたが、牛乳は脂肪分が分離しやすい性質から、飲用ではなくもっぱらバターの材料とされていた。しかし、それは現代のように食用としてではなく、化粧品として裕福な女性のために加工されたものであった。地中海沿岸の地域では、油脂分の補給はオリーブで十分賄えているわけで、バターのような動物性油脂を摂取するのは野蛮な人間の行為とされていた。

エジプトやパレスチナなど遊牧民の多い地中海沿岸の地域では、携帯可能な油脂としてバターは重宝されていたが、定住民は基本的にオリーブで油を摂取し、牛乳から取れるバターは化粧品、バターが取れた後のホエー(乳清)は豚や牛の飼料となっていたそうだ。北部ヨーロッパやインドなど牛が聖獣とされている地域においては、バターは貴重な食用油として繁栄するようになり、その傾向は現代の各地域の料理法にも残っている。

例えばイタリアでは、南部に行けば行くほどバターの需要は少なくなり、料理にもバターや生クリームが用いられることは滅多にない。あったとしても、それは現代風のアレンジとしてそうなったのであり、本質的に彼らはあまり牛乳の加工品を食事には用いない傾向がある。チーズも、サレルノが原産とされるモッツァレラのような水牛の乳を原材料にしたものがある以外は、ほとんどがヤギやヒツジの乳が原材料になっている。牛のチーズは、酪農の盛んなエミリア・ロマーニャ地方から北部やアルプスの山岳地帯に向かって行くほど増え、同時に料理にもバターや生クリームが使われるものが多くなる。ヨーロッパ全体でみても、やはり北部のほうがバターや牛乳で作られたチーズの需要は高い。

＊

先述のカラブリア出身の友人と一緒に暮らしていた学生時代、アマトリチャーナ・スパゲッティのソースを作るため、玉ねぎを炒めようとオリーブオイルの瓶を手に取ると、中にはほんのわずかしか入っていなかった。その代用のつもりで冷蔵庫からバターを出してナイフで適量を切り、それをフライパンに入れて玉ねぎを炒めようとしたところ、友人から「ちょっとやめて、アマトリチャーナはドイツ料理じゃないのよ！」と大声を上げられたことがあった。オリーブオイルがないのならバターではなく、せめて揚げ物用の菜種油を使ってくれというのである。

数年前、シカゴ大学で知り合ったシチリア出身の友人のカターニアにある実家を訪れた時に驚いたのは、彼らが牛乳ではなく、ごく当たり前にアーモンド・ミルクを飲んでいたことである。「牛乳は飲まないの？」と聞いてみると、その家では代々アーモンド・ミルクを飲んできたので牛乳はあまり好きではないというのだ。しかもこのアーモンド・ミルクは普通に一リットルの紙パック入りの状態で、スーパーマーケットに並べられていた。おそらくそれなりの需要があるのだろう。一緒にいた夫が「申し訳ないけど、僕は朝、どうしても牛乳を飲まなきゃ気が済まないから」と牛乳を探しに行くなり、一緒にいた友人のお父さんが「北の人らしいな」と、にやにや笑いながら呟いた。今もなお、シチリアやカラブリアの人々のメンタルには、古代時代と同じく牛乳にはどこか洗練されていない、野蛮な人間が口にするものという意識がわずかながら残っているのかもしれない。

「牛乳偏見」という言い方はどうかとも思うが、少なくともその傾向は古代から割と長い間欧州にはあったし、今も南部イタリアでは、牛乳は確固たる市民権を獲得できていない。時々牛乳が果たして体に良いのか悪いのか、牛乳よりも豆乳を摂取すべし、なんていう論議をネット上で見ることもあるが、夫は頑なに牛乳の成分を信じ、その存在に感謝しながら日々を生きている。

ある朝、テーブルの上に置いた牛乳のパッケージとコーヒーの写真をスマホで撮って、イタリアの妹に「世界一旨い牛乳」とコメントして送っているのを見たことがあるが、彼にとって牛乳とビールは、西洋発でありながらもその製造の洗練を日本で極めた二大美味飲料であり、日本へ来る楽しみの大事な要素となっている。

Ⅲ　素麺、シンプルななりをした手強いやつ

もうずいぶん前のことだが、イタリアの夫の実家で「日本の食事をしてみたい」という姑のために、素麺を茹でたことがある。「和食が食べたい」という外国人に素麺は無いだろう、と思われる方もいるかもしれないが、十七歳から海外暮らしの私には、和食を上手に料理できるスキルがない。日本の食材が簡単に手に入るわけでもないから、やむをえず日本から持って帰ってきた、なけなしの素麺を振る舞うしかなかったのである。

「これ、カペッリーニじゃないの。へえ、日本にもあるのね、カペッリーニ」

沸騰する鍋の中を覗き込んだ姑は、そう呟いた。あっという間に茹であがった素麺をザルに入れて冷やすと、「あらだめよ、パスタを水で洗ったりしちゃ！」と慌てる姑に「いや、これスパゲッティじゃないんで」と、素麺がイタリアのパスタとは違うことを

説明した。「へえ」と訝しげな視線を私に送る姑に、「お母さん、そもそもスパゲッティはマルコ・ポーロが中国から持ってきたって話、知らないの」と当時高校生だった義妹が傍から口を挟んだ。「長い麺はもともと東洋のものなのよ」としたり顔の義妹の蘊蓄を耳にしながら、私自身、素麺のルーツをよく知らないことに気がついた。ラーメンならズバリ中国由来だと言い切れても、果たして素麺は一体いつどこの誰が作り始めたものなのか、そんなことを考えたことなど人生で一度もなかった。

義妹に「この麺はきっとマルコ・ポーロとはあまり関係ないと思う」と言いかけるが、またそこから長い論議になるのも面倒なので黙っていることにした。ナイフとフォークがセッティングされたテーブルの中心に大皿に盛りつけた素麺を運んで、希釈した麺つゆの入った器をそれぞれに配り、「見てください、素麺はこうして食べるんです」と箸で掬い上げた一口分の麺をつゆに浸してズズと啜り上げて見せた。想像通りテーブルについていた家族全員が固まった表情で、私の口元を見つめていた。

「ヨーロッパでは下品だとされていますが、日本においては、麺というものは、こうして啜り上げて食べるのです」

そう説明するも、「そんな空気を飲み込むような食べ方はとてもできないわ」と姑は呆れたように、フォークに巻きつけた素麺を麺つゆに浸して静かに口に運んだ。そして神妙な顔で咀嚼をしながら、「味がしないわ。あんた、塩を入れ忘れてるわよ」と指摘した。周りの家族も皆どれどれと素麺を口に入れ、「あ、本当」と声を漏らした。

「あのう、素麺というのはですね、塩を入れて茹でるものではないんです」

「何でもかんでも自分たちの調理法を世界の料理の基準と捉えるのはやめてくれませんか⁉」と、抗いたくなる衝動を抑えながら私は静かに言った。

「素麺はタネを練る段階で塩を入れていますから、お湯に塩は入れなくていいんです。それに、日本では素麺だけではなく、他の麺類も塩を入れては茹でませんし、例えば白米も塩を入れては調理しません。塩を入れずに、素材そのものの味を認識するのです」

すると舅が、「さすが。日本では味覚にもZENのスピリットを稼働させているわけだね」と深く感心したように頷き、周りも「ZENか。なるほどねえ」と納得している。

結局、素麺はイタリア家族には不評だった。「日本の麺には味がない」と結論付けている姑に対し、素麺は夏の間の食欲が湧かない時に食べるものであって、これが代表的な和食ということではないと伝えた。

そもそも私だって、子供の頃は素麺が苦手だった。夏の時期、散々外で遊んでお腹を空かせて家に帰るも、食卓の上にこの白い麵がザルに盛り付けられているのを見ると、「えーっ素麵かあ」としみじみがっかりしたものだった。母だけが「夏はやっぱり素麵ね」と美味しそうな顔で麵を啜っていたが、大人が素麵を嬉しそうに食せる意味が全くわからなかった。なので「味がない！」と騒いでいたイタリア家族のリアクションも、理解できなかったわけではない。

そう考えると、素麵は蕎麦やうどんとも違って、味覚の熟練度や胃袋の経験値が問われる食べ物だと言えるのではないだろうか。舅はZEN的と括ったが、確かにアジア諸国にも素麵に近い麵類はいくつもあるのに、ここまであっさりとした食べ方はされていない。素麵がこれほどシンプルである理由には日本の風土や歴史が無関係ではないはずだ。

＊

歴史を辿ると、素麵は中国が発祥らしいが、奈良時代に日本に伝来した際には「索《さく》餅《べい》」という名前の菓子だったという説がある。紀元前九〇〇〇〜七〇〇〇年（諸説あり）からメソポタミアで栽培されるようになった小麦は、そのまま食するのに適さない穀類ということで、水で練ったタネを固めてパンにしたり、すいとんのような加工がなされていたそうだ。中国の青海省で見つかったこの世で一番古い麵としての形状の遺物は紀元前四〇〇〇年のもので、素材は小麦ではなく粟で作られたものらしい。

ついでに調べてみると、中央アジアで今も普及している「ラグマン」という麵もルーツは古く、これが後にラーメンとして日本で独自の進化を遂げることになる。だとするとやはりイタリアのスパゲッティが、マルコ・ポーロによって東方から西方にもたらされたかもしれないという説にも信憑性が帯びるが、数年前、エトルリア時代の遺跡から二千四百年前に製造されたとする製麵器具が発見されたそうだ。しかも古代ローマ時代の文献には、当時すでに「ラガーナ」と呼ばれる麵類が食べられていたという記録が残されている。「ラガーナ」と「ラグマン」。音の響き的にも無関係ではなさそうだが、だとするとマルコ・ポーロのもっと前の時代から、麵は大陸経由で伝来していたということになる。

日本へは先述したように、奈良時代に索餅という油で揚げた菓子として伝えられたものが、時間をかけて今の素麵の原型に変化したとされている。小麦粉のタネを練りながら延ばし、最後には棒に掛けてさらに細長くするという、いわゆる手延べ素麵の製法は中国では北宋の時代に行われていたという。単に素麵と言ってもその他の麵類同様に、その歴史はなかなか深い。

イタリアの家族に素麵を振る舞った時に、こうした知識があったら姑の西洋中心主義的な食べ物への見解に対してあれこれ口出しができたはずなのだが、今さら二十年以上も前に食べさせた素麵の話を引っ張り出してきたところで、覚えているかどうかも定かではない。

*

なんてことを考えていたら、日本に来ていた夫から「流し素麵」について書かれた英語の記事がメールで送られてきた。東京のマンスリーマンションで二週間の自主隔離が終わった時、近所のコンビニで素麵を買って食べたのだという。あまりにも暑くて、あっさりしたものが食べたいと思って探したら、「かつてマリが茹でてくれた味のない麵が売ってたから、買ってみたら美味しかった。こういう気候にぴったりの麵だと思ったし、消化に負担がかからないのが素晴らしかった」のだそうだ。

イタリアよりもはるかに凌ぎにくい夏に辟易してもいたのだろうが、私より十四歳若いとはいえ、夫の胃腸もそれなりに年を取ったという証だろう。

夫はその記事に書かれている、長い竹樋から水と一緒に流れてくる素麺を箸でキャッチして食べる流し素麺に、「どうして麺を流さなきゃいけないの。面白すぎる」とウケていた。二〇一四年に実施された「第一回流しそうめん世界大会」では、屋外の階段に設えた長さ十四メートルのレーンに、業務用高圧洗浄機で「リニア麺」という麺を流したところ、時速四十キロメートルを達成して、世界新記録を更新したという記述が出てきて私もびっくりした。その前の年、京都駅で実施された大会では、「世界流しそうめん協会」によって、時速三十六キロという記録が出たらしい。素麺を流す距離の長さとしては、長野で成功した全長三五一五・四二メートルが現時点での世界記録らしいが、まさか流し素麺に世界規模の大会が存在することも、「流しそうめん協会」というものがあることも私は知らなかった。素麺の世界は思っていた以上に深く広い。

ちなみにネットで「流し素麺」を検索してみると、自宅用の「流し素麺機」なるものがいくつもヒットした。シンプルな回転式のもの、氷山が象られたケースにペンギンが添えられているもの、プールなどの施設で見かけるような派手なスライダー式のものなど様々だ。それぞれにレビューもたくさんついているところを見ると、今や流し素麺装置は一般家庭においても別に珍しいものでもなんでもないらしい。

　次にイタリアへ戻る時には、ぜひこのスライダー式のやつを持って帰って姑を驚かせてみたいという野望も芽生えるが、イタリア家族に流し素麺装置を理解してもらうのは如何せん難しそうだ。このような装置が作られた意味やその重要性をめぐって、またZENスピリットはどうしただのと面倒な論議が交わされるのが容易に思い浮かぶ。とりあえずは日本にいる自分用に、シンプルな回転式のやつをひとつ購入してみることにした。

　「素麺」という名前にもかかわらず、蕎麦やうどんと比べて意外と型破りな素麺の実態は、決して一筋縄ではいかないのである。

第4章

世界を食べる

Ramen

Ⅰ　世界の朝メシ

先日、日本へやって来るのに久々に日本の航空機を利用した夫が、機内での朝ごはんに鮭とご飯と味噌汁が出てきたのを見て戸惑い、実は自分が未だに日本の風習や文化に馴染めていないどころか、拒絶感があることを自覚したという。

それを聞いて私は、かつて十一人の熟年イタリア女性たちと日本を巡った時のことを思い出さずにはいられなかった。確かに彼女たちにとっても、和式の朝食は相当ハードルが高かった。古い日本家屋の旅館に「泊まりたい」とうるさいので、コーディネーター兼引率者であった私は、頑張って飛騨高山と金沢にある古き良き佇まいの旅館の部屋を押さえ、イタリアから遥々やって来るオバちゃんたちの素敵な思い出作りに全身全霊を尽くした。

初日は、初めてのエキゾチックな旅館の雰囲気と、大部屋のお座敷に皆で集まって食べる和式の夕食にたいそう興奮し、浴衣姿で少女のようにはしゃいでいた彼女たちだったが、翌朝、朝食会場の席に座るなり、皆じっと黙って自分たちの前に用意されている御膳を凝視したまま、なかなか箸を持とうとしなかった。ちなみに御膳の上に載っていたのは、川魚の焼きものにシンプルなお刺身、卵焼きにおひたし。お豆腐の入った味噌汁、お漬物。品数も量も、いかにも無難な日本の朝食といったメニューだった。

「まさか、これが朝ごはんなの?」と一人が私に問いかけた。そうだと答えると、「夕食と間違えてるんじゃないの?」と真顔で隣の姑から問い質された。

「朝っぱらから生の魚と焼いた魚なんて、こんなの信じられないわよ」と、周りのオバちゃんたちも苦笑しながら頷いている。姑に誘われ、なんとなくノリでこの旅行に参加した人がほとんどだったので、日本の食事情についての下調べが不足気味なのは仕方がない。そう思いながら私は、丁寧に「いえ、これがオーソドックスな旅館における朝の食事ですよ」と簡潔に答えた。そして、「いただきます」宣言をすると、周りを気にせずさっさと美味しそうな焼き魚をほぐし始めた。オバちゃんたちもそれを見て、やっと一人、そしてまた一人と、ちびちびおかずやご飯を食べ始めたのだが、その表情は神妙で、視覚と嗅覚の情報だけで、すでに胃が拒絶反応を起こしているのが見え見えだった。

*

彼女たちに限らず、我々は旅をする時、その行き先の名物料理がどんなものであるのかという知識はあっても、普段土地の人が朝に何を食べているのかまで調べることは滅多にない。イタリアと言えば、美味しいパスタとワインを堪能する妄想を膨らませることはできても、まさか彼らが朝食らしい朝食をとらない人種である、ということまでは、多くの旅行者は知らないはずである。

世界のどこへ行っても、都市部のホテルの朝食はコンチネンタル様式で、パンもコーヒーも紅茶も欠かさない。ビュッフェのテーブルには、ハムやソーセージや卵料理も並んでいる。あの朝食のスタイルというのは、いわば世界共通言語の〝英語〟みたいなものであり、どんな文化圏の人であっても、とりあえず無難に受け入れられるメニューになっている。しかし日本の場合、伝統重視の古い旅館のような宿泊施設の朝食では、選択の余地なく、ご飯とおかずに汁物という和式を振る舞われるのが常である。

地域の伝統的朝食のみを振る舞う宿は、もちろん日本に限ったことではない。以前取材で訪れた中国の田舎にある宿泊施設の朝ごはんは、日々是お粥とザーサイなどの副菜のみだった。ハムや卵料理どころか、パンもコーヒーも紅茶もない。地元の一般的な中国人が食べているのと全く同じ朝食だと言われ、私はしばらくその中国西域風の朝食を取り続けた。

以前暮らしていた中東のシリアでも、田舎の宿泊施設では地元流の朝食しか食べられなかった。キュウリなどの新鮮な野菜にオリーブ、ピタパンに、ひよこ豆を潰したペーストの「フムス」、その他にも様々なペーストが盛り付けられた皿がずらりと並べられ、それを一式食べるだけでもかなりの満足感だし、腹持ちも良い。それでも未だに私が異国の地元式朝食に積極的に挑む気持ちになれないのは、いったいなぜなのか。

緊張感をともないつつ慣れない場所を旅していると、おそらく就寝時に私たちの体やメンタルは普段通りのバイオリズムを取り戻そうとするのかもしれない。だから朝になって目が覚め、起き上がって間もないうちにいきなり土地独特の食事を目の当たりにしても、精神的に異文化適応への心の準備ができていない。旅館での朝食に思い切り戸惑ったイタリアのオバちゃんたちが、夕食時や昼間と比べて積極的になれなかったのは、そんな精神状態が影響していたからなのではないだろうか。

＊

ちなみに私は日本で生まれて、十七歳までは日本で育っているが、家での朝食が和式だったことは滅多にない。理由は、私を育てた母親自身が、朝から和食を食べる家に育っていないためである。母の父親、つまり私の祖父は、大正期から昭和の初期まで十年以上アメリカで暮らしていたため、母が幼い頃は家での朝食はオートミールとパンにバターが定番だったという。実際祖父と暮らしていた頃、私はいつも買い物のついでにクエーカー印のオートミールの調達を頼まれていた。そのおかげで、イタリアに移り住んでからも、朝から甘いものとコーヒーや紅茶などの飲み物のみで済ますという、イタリア式朝食スタイルに違和感は覚えなかった。

イタリアの人たちが朝に摂取するのは、基本的にエスプレッソなどの濃いコーヒーと甘い菓子。血糖値をカッと上げるのが朝食の目的だから、その程度でいいのである。場所にもよるが、イタリアの中級のホテルでは、コンチネンタル・ブレックファーストもそれほど充実していないところが多い。生ハムにボイルハム、モルタデッラ。チーズに市販のヨーグルト。ブリオッシュ系のものと普通のパン、それに塗る個別包装のジャムやバター。だいたいこんなところだろうか。気が利いていれば、茹で卵やフルーツも置いてあるが、サラダのような野菜類が用意されていることは滅多にない。パンにつけるものとして、イタリア生まれのチョコとヘーゼルナッツのペーストである「ヌテッラ」がさりげなく置いてあるところが、ちょっとしたイタリアらしさ、とでも言うべきか。

今までで一番きつかった世界の朝食はなんだったろうかと記憶を巡らせてみると、飛行機での移動中に機内で出る朝食の画像がすぐに思い浮かんだ。

卵は大好きな食材だが、なぜか機内で出るオムレツなどの卵料理は食べると胸焼けがして気持ち悪くなる。理由はきっと卵自体の問題ではなく、先述したようなメンタルの問題なのかもしれない。機内における私の胃袋は、疲労によって大抵食欲を欠いている。できれば絶食でもいいくらいなのに、朝食と言われるとその日のエネルギー補給のためという摂取義務感が発生する。そう、朝食というのはどこか「食べなければいけない」という義務的意識が伴うものであり、それが辛かったりするのだろう。

加えて、狭い密閉空間の中に広がる機内食の独特な匂いもダメなのかもしれない。着陸二時間前に漂い始める、あの「強制目覚めの食事」の空気はなかなかしんどいものがある。

ついでに、実は私も日本の旅館などで出されるゴージャスな和式朝食には軽い抵抗感があり、ああいった料理一式を起き抜けでいきなり食べるのはかなりハードルが高い。なので外泊をする時は、必ずいつも朝に食べているシリアルバーやクッキー、チョコレートを持参し、粉末の甘いミルクティーでそれをまずササッと人知れず食す。そうやっていったんメンタルと胃袋を安定させてから、和式の朝食をいただくと結構食べられるということが近年になってわかった。

年齢のせいもあるとは思う。あるとは思うが、やはり世界のどこであろうと、他所様の家であろうと、目覚めて間も無く目の前に出されたものを難なく美味しくいただき、一日健やかに過ごすことのできる逞しい胃袋の持ち主を羨ましいとつくづく思う。それこそ真のコスモポリタンだと言っていいかもしれない。

旅館に泊まっても、目が覚めた直後にこっそり自分の家で毎朝食べている甘いものを摂取しなければ、焼き魚や白いご飯の朝食に挑めない私は、胃袋という次元においてはとんでもなくローカルで保守的な人間なのである。

Ⅱ　啜り喰ってこそ、醍醐味

イタリア人の夫いわく、日本の食べ物の中でも圧倒的に美味しいと思うのはラーメンなのだそうだ。今からもう十五年以上前のことになるが、真冬の札幌の、特段有名な専門店でもなんでもない店で食べた、これまた何の変哲もないオーソドックスな味噌ラーメンの味が、相当彼のツボにはまったらしかった。

ただ、その魂を鷲掴んだラーメンを食べるに至って、彼には一つショッキングなことがあった。初めて入ったラーメン店のカウンターで、自分の両隣（片側は私、もう片側は労働着を着たおじさん）が、湯気の立ち上る熱々の麺をどんぶりから箸で掬い上げ、強烈なバキューム音とともに啜り始めたのに度肝を抜かれたのである。

「ええっ⁉」と夫は、ラーメンの汁で口元を濡らして満足そうにしている私の顔を狼狽のあらわになった表情で覗き込んだ。両隣のみでなく、周辺でもやはり同じように音を立てて麺を吸い上げている老若男女を見回し、愕然となった。「ちょっと待って、これ、バキュームしながら食べるものなの⁉」と強張らせた瞼《まぶた》の中の目が怯えを帯びている。「当たり前じゃん」と私はそっけなく答え、すぐにまたラーメンを啜りあげた。出来立てのラーメンを目の前に、長くなりそうな食のマナーについての比較文化論など交わしている場合ではなかった。

　しかも私はその頃、札幌のテレビ局で旅と食のレポーターをしており、女性レポーターの中でもラーメンとカレーの食べ方には、ジェンダーを超えた潔さと勢いがあると評価されていた。ラーメンは刻一刻と麺の食感が変化する。とにかくボヤボヤしている場合ではないので、茫然自失状態の夫など気にせず、私は濃厚味噌スープと表面に浮かんだ油が塩梅良く絡んだ縮れ麺を、再びズズッ、ズズズッとリズミカルに吸い込んで、最後にはどんぶりから直接スープを啜り、あっという間に完食した。私の顔を見る夫の目は、結婚した妻が実は人間のふりを装っていた宇宙人だと知った時のような、あからさまな狼狽に満ちていた。

　やがて夫は諦めたかのように、静かに自分のラーメンを自分流に食べ始めた。見ていると、箸に絡ませた麺をスパゲッティを食べるのと同じ要領で、口に入れては一回一回嚙み切っている。そうして嚙み切られた麺がスープの中にポタポタと落下し、それをまた再び口に入れると静かに咀嚼し、飲み込んでいる。私は思わず、「ねえ、ちょっと、啜って食べなさいよ、その食べ方はダメだ」と命令口調になった。

「日本では、麺類は音を立てて喰うもんなの」

「できかねます」と夫は力強く宣言した。

「申し訳ないが、できないものはできない」

そして再び、ラーメンを口に入れてはもぐもぐ嚙み始めた。見ているこちらも、美味しい気持ちが萎えてしまうようなそのデリケートで几帳面な食べ方に、隣にいたおじさんも思わず夫の肩をポンポンと叩き、身振り手振りで「ほれ、こうやってさ、啜って食べればいいっしょ、ズズッとさ」と実際自分で麺を啜りながら説明をし始めた。

その向こう側の人も見て見ぬ振りをしているが、明らかに夫にラーメンを啜りながら食べてほしいと切願している内心が、あたりの空気に滲み出ていた。しかし夫は体良く微笑みを顔に浮かべ、「グラッツィエ」と礼を口にしつつも、やはり皆が求める食べ方をする気配はない。私は夫が食べ終わるやいなや、その場の気まずい空気から逃れるように、そそくさと店を後にした。

「誰がなんと言おうと、空気と一緒に食べ物を飲み込むなんて、自分には無理だ。体にも絶対に良くない、みんな食道がんや胃がんになっても知らないぞ」

そう夫は言い切り、その後も、蕎麦であろうとうどんであろうと熱々の雑炊であろうと、全て西洋式に丁寧に咀嚼して食べるスタイルを曲げなかった。

＊

麺を空気と一緒に音を立てながら食べるという話を、海外で特に日本に来たことのある人たちを前に展開すると、私の立場は一気にマイノリティとなる。何も海外でのマナーに背いてでも、麺であればなんでもかんでも啜りあげて喰うべし、と言っているわけではない。単純に日本という土地に来たら、郷に入れば郷に従えという気合いで、ラーメンや蕎麦は啜ってもらいたいと言うと、「やろうと思ってもできないんだよ。したくないの問題以前に」と被せられてしまうのである。

最近私が驚いたのは、ラーメンの本質的なルーツとされる中国でも麺は啜って食べるものではない、啜り喰いは良くない、とされていたことである。西域の蘭州市をテレビの取材で訪れた時、日本でもちょっと話題になった牛肉麵の有名店に足を運んだのはいいものの、周りの中国人の皆さんは実に静かに食べていらっしゃる。日本のスタッフは皆勢いよく、しかも当たり前のことと言わんばかりに、目の前の赤いスープに浸った黄色い麵をズズズーと吸い上げているが、そんな食べ方をしているのは自分たちのテーブルだけだった。同席していた中国人のコーディネーターの方に問い質してみると、「中国でも音は立てません。私も最初、日本の人の麵の食べ方を見て驚きました」という答えが返ってきた。

やはり麵を啜って食べるのは、日本人独特の食べ方らしい。確かに、イタリアではレストランで突然ズズッ、ズズズッという音がすると私もびっくりしてしまう。振り返ると大概そこには日本の観光客の方たち（特に年配者）がテーブルを囲んでいたりするわけだが、アウェイでの日本式啜り喰いは、確かに周りの人にとっては間違いなく不快要素となる。

とはいえ、そのようなハードルを乗り越えて、日本人式麵類の食べ方をものにした外国の人もたくさんいるし、「日本で麵を静かに食べると、まったく美味しくない」という感覚にもなるようだから、やはり私的には意識のタガを外すか外さないかの問題だけのように思えるのである。何より、啜り喰いはああ見えて、日本においては麵類を食する時の「マナー」のひとつなのだ。それを夫に言うと「マナー⁉　ただ行儀が悪いだけじゃないの」と言われ、私は思わず「西洋の食事におけるマナーを中心軸に物事を考えるな！」と反論せずにはいられなかった。

例えば箸のルールというのは何かと厳しい。かつて大皿から私が箸で取り分けようとした食べ物を、夫がそのまま自分の箸で摑もうとしたのを見て、思わずその手を払った。「えっ、なんで⁉」という顔で私を見る夫に、「日本ではこれは絶対にやってはいけないこと」と、由来も含めて説明をした。茶碗に箸を立てるのも同じくやってはいけない。その他、箸で物を指す「指し箸」、嫌いなものを避ける「撥ね箸」、何を食べるか箸先で迷う「迷い箸」など。箸にまつわるルールは果てしなく奥が深く、しかも厳しい。そこまで話して、やっと夫もラーメンの啜り喰いは決して行儀の悪さによるものではない、ということを理解してくれたようだった。

＊

世界には多様な食事のマナーがあり、そこに暮らす人々は皆それを子供の頃から教え込まれて生きていくわけだが、私のようにいろんな国に暮らしてきても、そういったマナーを徹底的にマスターするのは至難の業である。

例えばハンガリーでは、一八四九年にオーストリアからの独立革命に失敗した過去を踏まえて、未だに「最初はビールで」の乾杯はNGだという。ドイツではジャガイモを、イギリスではアスパラをナイフで切ってはいけない、とされているそうだ。インドでは食べ残しは失礼に当たるけど、中国では接待で出された料理を完食してしまうと、それは「おもてなしが足りなかった」という意味になり失礼だから、少し残さなければならない。

メキシコのタコスをナイフとフォークで食べるとスカした奴に思われるのに、ブラジルではタコスでもピッツァでも基本的に手で直接食べるのはタブーだとか、手でごはんを食べるイスラム圏では、左手はトイレの時に使う手なので食事の時は右手のみ、とか、まあとにかくあれこれ探ってみるときりがない。西洋ではテーブルに肘をつくのは絶対的タブーだが、私はよく食事の時に利き手以外の手、私であれば左手をテーブルの上に載せないままでいると、夫にガミガミ叱られる。

「そもそも、どうして使ってない手をテーブルの上に載せていないといけないわけ⁉」

と聞いてみると、「見えていない手で〝変なこと〟をしている可能性があるじゃないか」と夫。「例えば隣の女性の太ももを撫でたりとか」という説明は夫の個人的見解かもしれないが、とにかく使っていない手をテーブルの下に隠したまま食事をするのは、イタリアに限らず欧米では極力やってはいけないことらしい。

それから、食べ物が口に入っている状態で喋ることもタブーだ。これは現代の日本人であれば比較的気をつけていることではあるけれど、テレビなどで食レポ中のレポーターが、食べ物が入ったまま「おいひいれふう！（美味しいです）」などとコメントをしているのを見ると、夫のような人間は「こんな行儀の悪い行動を堂々とテレビで放映していいのか⁉」と思うらしい。私の経験上、時にはカメラが回っているプレッシャーから急いでコメントをしなければならない場合があるのだ、と説明をしてみたが、「そういう時は、リスみたいに頰に食べ物をいったん寄せてから喋るべきだ」と力説された。今は意識してそういう風にすることもあるが、頰に一旦デポジットした食べ物を、コメント後に元に戻して食べ直すのは、正直あまり心地がいいものではない。

それぞれの国における食べ方のマナーは確かに意識して然るべきものと思うが、周りの人の迷惑にさえならなければ、マナーにばかり縛られすぎない食べ方も、食べ物への一種の尊重のかたちではないかと私は思うのだった。

昨今、イタリアの各地でラーメンを出す店が増えてきているらしいが、それがパスタではなくラーメンという食べ物である以上、私ならきっと日本と同じように啜り喰ってしまうだろう（というかすでに地元の新設ラーメン店で実践済み）。

そもそもラーメンとはそうやって食べられることを前提として、味も形状も食感も追求されてきた料理だと言っていいわけだから、たとえ窓の向こうにルネサンスやバロック様式の厳かな建造物が建ち並んでいようと、石畳を真っ赤に輝くフェラーリが走り抜けて行こうと、正直私には関係ないのである。

Ⅲ　鍋は食べる温泉である

先日、近所に新しいスーパーマーケットができたので夫と様子を見に行ってみた。そのついでに必要最低限のものだけ買って帰ろうと思っていたのだが、肉売り場でボッリート・ミスト用の肉三種と、一緒に煮込む玉ねぎ、ニンジン、セロリといった材料が便利な一つのパッケージになっているのを見つけ、久しぶりにこの鍋料理を作ってみたくなって購入。鍋料理は、準備に面倒があるとすれば最初の下ごしらえくらいで、いったん作ってしまえば、数日は美味しく頂けるというメリットがある。私のような料理無精にとって、もってこいと言えるのがこうした鍋料理だ。

「ボッリート・ミスト」とは、イタリア語で「雑多茹で」とでも訳せばいいのか、いわゆるイタリア版のポトフのことである。その他の様々な郷土料理と同様、イタリア国内では、同じボッリートでも地域によって一緒に煮込む食材に若干の違いがあるようだが、牛のテールやスジ肉といった煮込み応えのある部位を使うのはどこも一貫している。私が暮らしていたフィレンツェや夫の故郷のヴェネト州では、それ以外に牛舌、そして鶏のむねやもも肉などが必須素材だ。地域によってはソーセージを入れるところもあるようだが、ボッリートには「こうでなければいけない」という絶対的なレシピはない。

野菜も、だいたい細かく刻んで入れるのではなく、玉ねぎであればゴロッとそのままか半分、ニンジンも大きさ次第だが、大抵はそのまま入れて煮てしまう。ヴェネトの実家ではこれにジャガイモも加わるので、鍋の中はギュウギュウの状態になるのが常だ。

お金がろくになかったフィレンツェでの学生時代、世話になっていた老作家の家で、冬の間しょっちゅうこのボッリートをご馳走になった。作家が一緒に暮らしていた恋人のアルゼンチン人男性は北イタリアの移民の血筋だったが、ブエノスアイレスの彼の家では肉を一回ソテーしてから煮ていたそうで、その方が確かに煮込んだ肉にもコクが残る。「これを作っておくと、とりあえず食いっぱぐれない感があって安心」と彼も言っていたが、ボッリートの利点は、プリモ・ピアット（「第一の皿」）にメインと付け合わせの全てが揃っているところにもある。

まずは肉と野菜から出汁が抽出されたスープ。このままコンソメとしていただいても十分なのだが、食べる分のスープだけを別の鍋に取り分けて、そこに「パスティーナ」というマイクロサイズのパスタを入れれば、腹膨れ効果もあるし、滋養率も高まる。クリスマスなど人が集まる食事会があれば、スープの中に入れる具は「トルテッリーニ」などの詰め物系のパスタに昇格、見た目も味も一層ゴージャスになる。

それぞれの皿に取り分けた後は、湯気の立ち上るスープの表面にエクストラ・ヴァージン・オリーブオイルを掛ける（十字型に切るように掛けることから、イタリアの実家の地域では、この行為を「油の十字」と表現している）。お好みによって、さらにパルメザンチーズを振れば完璧だ。なぜか日本のイタリア料理店ではそれほど見かけないが、イタリア中の家々において年末年始の食事会で食べるこのトルテッリーニ入りスープは、昔からの定番中の定番である。

スープを食べ終わった頃には、アルコール摂取もある程度進んで、テーブルを囲んだもの同士での談話が盛り上がる。その最中に出てくるのが、メインの肉と野菜である。野菜は付け合わせのパートを担うわけだが、出汁をスープに取られてしまった肉は食感こそ柔らかいけれど、どれも淡白だ。なので、イタリア人たちはここに自分たちの地域の調味料やソースを用いるわけである。

オーソドックスなものと言えば、「サルサ・ヴェルデ」というイタリアンパセリで作ったソースだが、バジリコベースのジェノベーゼソースを好む人もいる。ピエモンテでこの料理を食べた時は、ベリー系のジャムが添えられていた。オーストリアとの国境であるトレンティーノ＝アルト・アディジェ州の街では、肉のほかに腸詰も煮ることから、マスタードが添えられていたし、煮込んだ野菜にはキャベツも混ざっていた。

ヴェネト州の私たちの地域では、「クレン」と呼ばれる西洋わさびを付けて食べる人が多い。わさびというと日本独特のもののように思いがちだが、実はイタリアでも西洋わさびはメジャーな食材で、特にこうした煮込んだ肉類には欠かせない調味料として季節関係なく皆食べている。果実をマスタード入りのシロップに漬けた、「モスタルダ」という北イタリアの独特なジャムもボッリートにはぴったりだ。

＊

食材さえあれば誰にでも簡単にできるごった煮でありながら、振る舞われ方次第で、ここまで多様で豊かな演出が可能なのが、ボッリート・ミストの特徴と言えるだろう。

イタリア料理におけるポジションとしては、日本のおでんに近いのかもしれない。スープは美味しいし、腹も膨らむ。鍋で煮ただけなのに、食材によって食感も味も違う。贅沢のできない庶民にとっては、救世主のような鍋料理の一つだが、それは日本やイタリアに限ったことではなく、鍋料理は気取らない庶民の食べ物として、全世界においてその確固たる地位を築いてきた。

シカゴに暮らしていた頃の容赦ない厳冬期間、それこそ私は頻繁に鍋料理を作っていたが、現在の料理無精っぷりからは考えられないくらい、レシピのバリエーションが多彩だった。イタリアのボッリートもさることながら、日本式の鍋である鱈ちりやおでん、ちゃんこ、そして韓国のキムチチゲにタイのトムヤンクン、そしてタイスキ。ソーセージと芽キャベツ、ジャガイモにニンジンをごった煮したドイツの鍋料理アイントップ。ポルトガルの魚介鍋カタプラーナに、そこにココナッツミルクを注いだブラジル北東部の鍋料理ムケッカ。

鍋料理の良いところは、食材さえ揃えれば、火にかけているのを忘れて焦げ付かせてしまわない限り、それなりに出来上がってくれるという点ではないだろうか。そもそも鍋料理というのは、その見た目だけでも食欲のモチベーションが自動的に上がる仕組みになっている。私の場合、食卓の携帯コンロの上でグツグツと煮える鍋を見ているだけでも、美味しさのポイントがジャンジャン加算される。シカゴ大学の夫の友人たちがやって来ると、大抵我が家では鍋料理を振る舞っていた。時々中国国籍の友人が自分の家で作った餃子を持ってきて、それを入れた和中折衷鍋を楽しむこともあった。

中国と言えば、数年前の夏、チベットへ行く途中で訪れた四川省の省都・成都で、現地のガイドだったリンさんから、「ヤマザキさん、なんだか疲れてるみたいだから火鍋食べよう。本場重慶の直営店あるから、そこに行くしかない」と、昼とも夜ともつかない微妙な時間に、地元の火鍋屋へ腕を引っ張られるような強引さで連れていかれたことがある。

重慶生まれで成都育ちのリンさんは、バイタリティ溢れる二十代の元気な女性だった。「またいつ来れるかわからないから」と親身になって、朝の七時から息をつく間も無く成都中の観光名所を案内してくれた上、パンダ繁殖基地では「ヤマザキさんパンダの赤ちゃん抱いたほうがいいよ。かわいいジャイアントパンダちゃん滅多に抱けないから」と煽られて、赤ちゃんと言うにはデカすぎる上、臭くて汚いパンダの子供を抱いた写真まで撮影してもらった。私も体力にはかなり自信がある方だが、その時はさすがに、リンさんのランナーズハイにでもなっているかのようなエネルギーに、夜まで付き合う自信は萎えていた。そんな時に連れていかれたのが火鍋屋だった。

八月の暑い最中、しかも午後三時という微妙な時間帯であるにもかかわらず、店内は大勢の人で賑わっていた。それまで私も中国の別の地域や日本で火鍋を食べたことがあったが、リンさんが頼んだ鍋そのものの様子に驚いた。私が知っている太陰太極図式の火鍋ではなく、丸い鍋の中に縦横それぞれ二つの仕切りで区切られていて、全部で九つのスペースが設けられている。

「これ、重慶の伝統的な火鍋のかたち」とリンさんに説明を受ける。そこに注がれているスープは、辛いものからまろやかなもの、シンプルなものまで様々。リンさんが店員さんに頼んだ食材のほとんどがモツだったのには驚いた。モツ好きの私には、なんとも素晴らしいサプライズだったが。

「火鍋はもともと内臓を煮る料理」と、彼女は嬉しそうな私に向かってニコニコ微笑みながら、一体何の動物の、どこの臓器だかわからないものをどんどん鍋の中に投入し始めた。

「ヤマザキさん、これ一番に食べなきゃダメね」と、有無も言わさずリンさんが私の器に投入したのは、センマイである。熱々の唐辛子スープで煮込んだセンマイは、消極的だった私の内臓に熱くエネルギッシュに染み渡った。真夏の暑い最中に、まさかこんな料理を食べることになるとは思っていなかったが、確かにこれは力になりそうだと私も調子に乗って、なんだかわからない食材を次から次へと頬張った。

「火鍋は、もともと貧しい人のごはん。お金なくても、なんでも美味しく食べられるから、みんな大好き」とリンさんに言われて、鍋料理の重要性を痛感した。鍋料理は、必死で日々生きる我々人間を、温かく、そして優しく支えてくれる食文化界のおっかさん的メニューなのかもしれない。

＊

先日、日本のスーパーマーケットの海鮮売り場で、鍋用にパッケージされた様々な種類の食材や多様な出汁を見ながら、日本における鍋の種類の多さに驚かされた。日本人はなぜこんなに鍋料理が好きなのか、より一層深い知識を求めてあれこれネットで検索していたら、「鍋占い」なるものに行き着いた。

占いに使われる鍋の種類は海鮮、火鍋、トムヤンクン、そしてすき焼きの四種類。私は海鮮鍋と火鍋で迷ったが、とりあえず火鍋を選ぶと「愛に飢えている度90パーセント」という結果が出た。「心がかなり疲れていて、誰かに愛されることで癒されたいと強く思っているようです。愛のない生活は虚しいと感じているあなた」だそうだ。

ちなみにどちらにしようか迷った海鮮は、「愛に飢えている度20パーセント」で、「愛より金儲け」なんだそう。トムヤンクンは「愛に飢えている度70パーセント」。スパイシーな味を欲すれば、愛への枯渇度が高くなるというオチは短絡的だが、確かに鍋料理を一人で食べている人の絵面は、端から見ればちょっと孤独にも思える。

鍋料理はやっぱり気のおけない仲間同士で囲んで食べるのが理想的だ。湯気がほかほか立ち上る鍋を皆でつつくのは、大浴場に仲間同士で浸かっている感覚にも近いものがある。考えてみたら、風呂は外側から熱いお湯で身体を温めるが、鍋料理はその逆だ。内側から身体を温める。すなわち鍋料理というのは、「食べる温泉」なのである。

Ⅳ　たかが飴玉、されど飴玉

「大阪のおばちゃん」と言われて頭に思い浮かぶのは、まず快活で時に豪快な話し方、アニマル柄など派手目の服、そして「アメちゃん」である。本当に大阪のおばちゃんたちは皆鞄の中に飴を常備していて、誰にでも「はい、アメちゃん」と差し出してくれるのかどうかは知らないが、実際大阪やその界隈で出会ったおばちゃんからアメちゃんを受け取ったという人を何人か知っている。

残念ながら私は未だに大阪のおばちゃんからアメちゃんを提供された経験は無いが、私から出会う人に飴を提供することは頻繁にある。ということはつまり、気付かぬうちに私自身が「アメちゃんおばちゃん」になっていたということかもしれない。

大阪ではないが、大人になってから一度だけ、見ず知らずの通りがかりの人にアメちゃんをもらったことがある。忘れもしない、今から約三十年前のフィレンツェでのこと。私は、十年付き合っていた彼氏との間にできた子供を出産した。

子供を産んだはいいが、母親が外国籍でしかも未婚であることから、しかるべき場所へ行ってしかるべき手続きをしない限り、子供と一緒の退院は難しいと言われた私は、出産の二日後に歩幅五センチの足取りで、フィレンツェのシニョーリア広場にある市庁舎を目指すことにした。ちなみに、私と同じ日に出産をしたお母さんたちは、皆みるみる体力を回復させ、中にはもうさっさと赤ちゃんを抱えて普段通りの足取りで退院をしていく人までいたが、どうやら東洋人の体の勝手は違うようで、私はベッドから立ち上がることさえままならない状態だった。ただ、それを病院の人に伝えても、「出産は病気じゃない」だの「そんな甘えているようでは母親業は務まらない」だの厳しい説教を受けるばかりなので、諦めて行動に踏み切ることにしたわけである。

歩幅五センチというのは決して大袈裟な表現ではなく、一昨日子供を産んだ体ではどんなに頑張ってもそれくらいでしか前へ進むことができない。とりあえず大学病院のタクシー乗り場までたどり着ければ、あとはなんとかなるだろうと頑張ってみたが、病院の敷地をそんな様子で歩く私は、どこの誰が見ても不具合を来している人間だった。そして、そこに近寄ってきたのが一人のお婆さんである。

「あんた、具合が悪いのかい？」と心配そうに眉を歪めて、私の顔を覗き込んできたので、「一昨日子供を産んだもんで」と息も絶え絶えに答えると、「あら、そうだったの」とお婆さんもこれといって驚くふうでもない。その後に彼女が革の手提げ鞄の口を開けて、中から取り出したのがアメちゃんである。

「まあ、これでも舐めて元気出しなさいな」

お婆さんはそう言ってアメちゃんを私の手にぎゅっと握らせると、背中を二、三度軽く叩いて立ち去っていった。反対方向へと進んでいくお婆さんの、私よりもずっとスピード感のある足取りが羨ましかったが、とりあえず手に握らされた飴を口に入れた。アーモンドっぽい味のその飴の甘さはたちまち滋養として染み渡り、しばしその場に立ち止まってホッと息をついた。

たかが飴の一個ではあったが、そのおかげで私は無事タクシー乗り場まで途中で倒れることもなくたどり着くことができた。もちろん状況にもよるだろうけれど、飴の糖分がもたらす効能が侮れないということを痛感させられた経験だった。

関西人とイタリア人の何気ない相似点について、日本を知るイタリア人と話すことがある。イタリアのおばちゃんたちがどれだけ飴を持参して歩いているかはわからないが、弱っている人に飴をあげたくなるという衝動は、彼女たちにもあるようだ。今でこそコロナだ何だと、そう簡単に見ず知らずの人から食べ物などは受け取れない世の中になってしまったが、日本ではタクシーを利用すると、時々飴をくれる運転手さんもいる。なぜかその大抵が黒糖系の飴なのが謎だが、あれはあれで何気に嬉しい。

要は糖分によって血糖値を上げれば元気になる、という解釈によるものなのだろうけれど、イタリアの貧乏学生時代、確かに飴は日々の重要なエネルギー源でもあった。質感のあるお菓子が買えなくても、飴を舐めていればなんとなくそれで十分なような気持ちにもなる。

*

飴というものが一体いつから人々の暮らしの中に普及していったのか調べてみたところ、日本国内での飴の製造の起源は神武天皇の時代にまで遡るらしい。神武天皇は紀元前七世紀頃の人物とされているが、米などに含まれるデンプンに麦芽の酵素を混ぜた水飴が甘味料として用いられていたのが、日本における飴の起源ということになるようだ。

一方、世界において最初に飴が作られたのは紀元前六〜四世紀のインドだという。インドで発祥した飴はその後ペルシアへ伝承し、そこからギリシャへと到達する。ということは、当然古代ローマへも飴文化は到達していたと思われる。ギリシャ・ローマ時代の甘味と言えば蜂蜜オンリーだったので、飴のことは「蜂無しで作る蜂蜜」という捉えられ方をしていたという。

世界史における飴については、なかなか簡単に資料が見つからないのでそのうちじっくり調べてみたいところだが、近代までで忘れてはならないのが「金平糖」と「有平糖」だ。これは南蛮船に乗ってやって来たポルトガル人宣教師のルイス・フロイスが織田信長に献上したポルトガルの「コンフェイトゥ」と「アルフェロア」という砂糖菓子を日本風にアレンジしたものらしく、日本の飴の歴史を語る上では外せない。

十九世紀の産業革命期になると、欧州では飴に様々なハーブなどを混入させることによって喉を潤したり、消化を促したりする薬として普及するようになっていった。砂糖が一般にも手に届くレベルになると、労働者階級でも甘いものの摂取は容易になり、そこから嗜好品としてのキャンディの生産が始まったらしい。一方、日本の江戸ではこの頃すでに飴細工を商売とする職人が現れていたから、飴文化はそれぞれの国で独自のプロセスを経て進化を遂げていったようである。

やがて飴は嗜好品としてあらゆる人に行き渡るようになった。欧米であればテーマパークのような子供たちの集まる場所で、カラフル（毒々しいともいう）な色のいわゆる「ペロペロキャンディ」として売られ、日本では駄菓子屋などでガラス瓶に入れられた「飴玉」が販売されるようになった。

金太郎飴が発案されたのは二十世紀になってからだそうだが、あの、様々な色のついた練り飴を工夫して重ねて丸め、輪切りにすると断面に模様が現れる元禄飴は、江戸時代からあったようだ。元禄飴の技術を誰が思いついたのか知らないが、古代フェニキアやローマのガラス細工とどことなく似ているのが興味深い。

＊

飴のことを調べ始めると際限がないことに気がついたので、ここまでにしておこうと思うが、こうした執筆の機会でもなければ、普段飴のことを考えることなどないだろう。身近にある様々な菓子の中でも、飴ほど主張が控えめでさりげない菓子というのも他にはあまり思い当たらない。

前述したように、気がつくとすでに「アメちゃんおばちゃん」化していた私だが、実は子供の頃から飴は大好物で、それが災いして歯のトラブルは尽きずに現在に至っている。今も台所の引き出しを開けてみると、「濃厚マンゴー」「バターボール」「濃厚苺ミルク」「俺のミルク 北海道メロン」「男梅」「スイカキャンディー」「ミルクの国」の全七種類の飴の袋が見つかった。いくらなんでも買い過ぎであるが、飴は数ある日本の菓子類の中でも、特に商品開発がエネルギッシュに展開されている品であり、製造会社のチャレンジャー度を試してみたい思いで、つい買い物籠に入れてしまう。

こうした普通にどこでも手に入る飴に限らず、ここ数年はまっているのが仙台の銘菓「霜ばしら」である。極薄の砂糖で出来た、それこそ霜柱状の飴である。人様に頂戴したのが最初だが、最寄りのデパ地下の全国特産コーナーに時々売られているのを見ると、値段はちょっと高いが、あの絶妙な食感の誘惑に負けて買ってしまう。口に入れるとパリパリ、フワッと溶けてなくなるあの儚い夢のような感触は、日本の飴技術がいかに高いクオリティのものなのか、毎回食べる度に「ううむ」と感慨深い唸り声が出る。

イタリアなど海外でも様々な飴を試してきたが、どうも日本の飴ほど「美味しい!」と声をあげたくなるものには出会えていない。そう考えれば、飴というのはクッキーやチョコレート以上に国による味付けや食感の違いが顕著なお菓子である。

西洋では、舐めていると中から突然ドロッとした濃厚な果汁やクリームみたいなのが出てくる飴が多いが、私はどうもアレが苦手である。先述した、出産二日後にゆきずりのお婆さんからもらったのも「Rossana」という、イタリアではずいぶん古くからある飴だが、これも中から甘い蜜状のものが出てくるタイプの飴だ。

日本でも私が子供の頃に発売され、ユーミンがＣＭソングを歌っていた「ソフトエクレア」という、食べていると中からドロッとしたやつが出てくる柔らかい飴があるが、あれは美味しい。それなのに西洋の同じタイプが苦手なのは、甘味が日本のものより強いからかもしれない（「ソフトエクレア」は調子に乗って食べていると、「ミルキー」と同じく歯にくっついてえらい目に遭うので、そこだけ気をつけなければならない）。

世の中では、「世界を知るグローバルなヤマザキさん」などと形容されることがあるが、飴の嗜好に関してはかなり閉塞的だと言える。世界の飴の味を知っている人なら私に同調してくれるのではないかと思うが、そんなハードルの高い海外の飴の中でも、どうしても完食できないのが北欧で食べられている真っ黒な「サルミアッキ」である。昆虫の炒ったものも、得体のしれない動物の内臓の煮込みも食べられる私が、口内滞留時間を五秒以上保てないのが、このリコリス（カンゾウ）とアンモニアを合体させた恐怖の飴である。

北欧ではこの「サルミアッキ」を子供らが美味しそうに舐めているし、イタリア人の夫までこれを「なかなか美味しいじゃん」などと言って嬉しそうに舐めている。そんな夫を見ていると、自分は遠い異国の文化圏の人と結婚をしたのだなあ、という自覚を新たにする。たかが飴一個といえども、こうしてあれこれ考えだすと、なかなかその世界は広いのである。

V　世界では酒を飲んだあとに何を食べるのか

初めてワインを飲んだのは、十四歳での欧州旅行中だった。フランスのリヨン郊外に暮らすフランス人一家の家に滞在していたのがちょうどクリスマスの時期だったこともあり、私が年齢を理由に頑なに断っても、ちょっとくらいなら大丈夫だと飲まされたのが、水で薄めた赤ワインだった。

十七歳で始めたイタリア留学も、一杯の赤ワインでスタートした。空港まで迎えにきてくれたマルコ爺さんに連れられて入った、ローマのテルミニ駅付近にある簡素な食堂で、私の目の前に運ばれてきたのは、皿の縁まで盛られたミネストローネと立派な骨付き肉、そしてグラスいっぱいの赤ワインだった。長旅と緊張、そして今まで嗅いだことのないローマの噎《む》せるような空気に、私の食欲は全く機能する気配もなかったし、とても一人前とは思えない量の料理を前にこれからの心細さを感じて、私の目からは涙が噴出しかけていた。自分と縁もゆかりもないこの土地に馴染んでいくためにも、そして何よりこれからの私の留学生活を助けてくれるマルコ爺さんの好意を受け入れるためにも、私はその儀式をなんとかクリアせねばならなかったが、どうしてもフォークやスプーンを手に取る勇気が出なかった。

いつまでも料理に手をつけない私を不審に思ったのか、「まずこれを飲みなさい」と爺さんがワイングラスを私に差し出した。あまりに圧のある視線で見つめられたので、仕方なくグラスを手に取り、言われるがまま赤ワインを一口だけ飲むことにした。すると不思議なことに、あれだけやる気をなくしていたはずの胃袋がたちまち活力を取り戻したのである。

あの日から始まったイタリアでの暮らしにおいて理解できたことは、この国ではワインという酒はあくまで食欲を促すものであり、酔うために飲むものではない、ということだった。だから私はイタリアなど海外にいる時は、決して酔うまで飲酒はしない。ましてや海外は日本よりも治安が不安定なところばかりだから、酔い潰れてへべれけの状態で外をふらふら歩こうものなら、いつ身包み剝がされるかわからない。下手をすれば命の危険に及ぶ場合もある。そんな国から日本へ来てみると、夜の電車の中で寝たまま吊革にしがみついて揺れている人や、シートで爆睡している人を目の当たりにすることがあり、しみじみこの国がどれだけ平和なのかを痛感する。

＊

そんなわけで、食事時に飲む一杯のワインを続けていくうちに鍛えられてきた私の肝臓ではあるが、十年ほど前から仕事が忙しくなって日本での滞在時間が増えていくうちに、お酒の飲み方も徐々に変化していった。

コロナ禍になってから外での飲食の機会が減ったのと、家でのリモートの仕事が増えたこともあり、普段はほとんどアルコールを口にしなくなったが、仕事場には小規模なセラーが置いてある。中には自分で買ったものから頂戴したものまで、美味しそうなワインが入っている。仕事が一区切りついた時に飲むためのもので、いわば目先にぶら下げられたニンジンみたいなものだが、つまり今や私にとってワインは食欲増進のための飲み物ではなく、完全な嗜好品となってしまった。

コロナ禍が明けてイタリアの夫がここへ訪ねてくることがあれば、おそらくそんな私のワインに対する姿勢の変化に不安を覚えるだろう。先日もイタリアではコロナによる自粛生活でアル中になった人がずいぶん増えたという話をしたばかりだから、私もご多分にもれず日々の気鬱をワインで解消しているのではないかと心配になるはずだ。

イタリア人たちは、そう滅多に一本千円以上するようなワインを飲まない。義父の場合は、地域の人たちが皆そうするように、近所の醸造所まで直接出向いてタンクで仕入れる。それを家で瓶に小分けにし、食事の際に飲んでいる。高くてもリッター何百円のものだろう。ワインは日々の食事のための消耗品であり、不味くさえなければそれでいいと皆思っている。イタリアに生まれたところで、日本のイタリアンレストランで飲めるような「高級バローロ」や「高級ブルネッロ・ディ・モンタルチーノ」を一滴も飲まずに人生を終える人などざらだと思う。

＊

「食事のための消耗品としてのワイン」という飲み方をしなくなってしまった私は、日本でしょっちゅう二日酔いにも悩まされるようになった。飲みすぎてはいけないとわかっていながら、味わい深さを求めてついついやりすぎてしまい、シメにラーメンが食べたくなるというのも、私の肝臓が日本仕様になった証だろう。

　そもそも、なぜ飲んだあとには無性にラーメンが食べたくなるのか。麺類であれば蕎麦やうどんでもいいという人もいるのかもしれないが、自分はラーメンであればどんなに飲んだあとでも喜んで食べられるし、あんなに脂質が高そうな作りになっているのに食べたあとにはスッキリさえしている。あのシメのラーメンとはいったいなんなのだろうか。

　前から気になっていたので少し調べてみると、要はアルコールを分解するために失われた糖質を補うための欲求によるものらしい。それと、ラーメンの麺に使われているアルカリ性の「かんすい」が、飲酒によって酸性を帯びた体にはありがたいというのもあるようだ。そしてスープの出汁となっている昆布のグルタミン酸や豚骨スープのイノシン酸というのも、またアルコール分解を助長してくれるのだそうで、ある意味飲みすぎた体にとっては理想的な一品なのである。

　と、ここまで書いてふと思い出した。イタリアでも気の許される場では飲みすぎてしまう人ももちろんいて、私が若い頃に入り浸っていたフィレンツェの芸術家たちのサロンでは、夜な夜なワインやグラッパやウイスキーのグラスを手に、創作を生業としているおっさんたちが顔を赤くしながら論議を繰り広げていたものだった。

夜半を回ると、誰ともなくサロンの奥にある台所へ姿を消し、十五分後くらいに大きな皿に盛った「アーリオ・オリオ・エ・ペペロンチーノ」を抱えて戻ってくる。するとその場にいた酔っ払いの芸術家たちは皆歓喜し、小皿にとり分けて、ニンニクとオリーブオイルの香りに包まれたそのシンプルなスパゲッティをしみじみ旨そうに頂くのだが、麺によって失われた糖質を摂取するという意味では、シメのラーメンならぬ「シメのパスタ」とでも言うところか。

郊外にあるディスコやクラブなどの娯楽施設の外に、「ポルケッタ」という豚の丸焼きのスライスをパンに挟んだパニーノを売るキッチンカーが、夜遅くまで停車していることがある。あれも要するに飲みすぎの人のためのシメの一品料理である。スープでこそないが、ポルケッタにもアルコールを分解するイノシン酸が入っているからなのだろうか、確かに夜中に食べるには如何せん高カロリーではあるが、齧り付くと肉汁がちょっとパン生地に滲み込んで、これがまたしみじみ美味しいのだった。

気になって調べてみたところ、世界各国の「飲んだあとのシメ」料理は、どれもこれも結構パンチが効いていた。

アメリカのピッツァ、スコットランドではフライドポテトにフライドチキン、トルコやイギリスではケバブ、アイルランドではフィッシュ＆チップス、チェコではチーズの揚げ物、中国では串焼きや小籠包、ドイツではカレー粉とケチャップで味付けしたソーセージ、メキシコのタコス、カナダではフライドポテトにチーズのソースをかけたもの、タイではパッタイという麺料理、ギリシャでは蜂蜜をかけた揚げ菓子。

飲酒で失われた糖質を求める、世界中の肝臓の猛々しさたるや半端ない。とにかく、飲んだあとにスッキリしたいのなら脂質に糖質、というのが世界共通なのはよくわかった。

かつてカーニバルの時期に訪れたブラジル北東部の街で、「カイピリンニャ」というサトウキビベースの強い酒の入った飲み物を何杯もおかわりしてしまった私に、現地の知人が屋台で奢ってくれたのが、豆と玉ねぎを練った生地に海鮮を詰め込んだ揚げパンだった。「アカラジェ」と呼ばれるそれは、とにかく食感も味も辛さも脂っこさも、そして民族衣装を着た屋台のおばちゃんの巨体も、何もかもが強烈だった。決して体には良いとは言えないのは見た目からもありありとわかるのに、あれくらいのレベルでなければ、飲みすぎてしまった自分には十分じゃないのだ。

シメのラーメンにも、ポルケッタにも、アカラジェにも、「飲みすぎたの？　ほんとに仕方がないわねえ、まあいいからこれでも食べていきなさい」と失態をたしなめつつも温かく見守ってくれる、寛大で太っ腹なおっかさんのような温かみがある。だから、まあ、時々の飲みすぎも前向きな人生を送るためには必要なことなのだ。と、私は勝手に思っている。

VI　スパークル飲料は人生賛歌

二〇一七年、シャンパーニュ委員会日本事務局が主催する「Champagne Joie de Vivre（生きるよろこび）賞」なるものを受賞した。記念品としてフランス・シャンパーニュ地方の業者が生産しているシャンパンを何本も頂いて歓喜していたら、その後、今度は北部イタリアのヴェネト州周辺で生産されている「プロセッコ」というスパークリングワインのプロモーションの「テスティモニアル」（SNSに写真をあげて宣伝する人のことらしい）なるものに選ばれ、シャンパーニュ賞のシャンパンがまだ冷蔵庫の中に並んでいる状態のところへ、毎月北部イタリアのプロセッコ業者から試飲用の商品が送られてくるようになった。

人生における稀有で前代未聞の発泡酒ブームが到来し、一時期東京の仕事場にはフランスやイタリアから届く発泡酒の段ボールがいくつも積み上げられ、その頃の私は毎日出し惜しみなくシャンパンやプロセッコを飲みながら過ごしていた。残り物の煮物に茹でた蕎麦を啜りながらシャンパン。冷蔵庫の中に放置されていた賞味期限切れのハムを立ったまま頬張りながらプロセッコ。今思えばなんとバチ当たりな日々であろうか。

この文章を読みながら、「腹立たしい、こん畜生」と感じている人も少なくないと思うが、二十代の日々泥沼の泥を掬って頬張るようなどん底貧乏経験に免じて、どうかお許しいただきたい。だが、果たしてこれが焼酎やウイスキーだとしたら、「こん畜生」と反応する人がどれだけいるだろうか。なぜシャンパンのようなスパークリングの酒には特別感があるのか。レースの勝者や進水式、誕生日に結婚式と、祝杯としてグラスに注がれるのがシャンパンでなければならないのはなぜなのか。別にそんなことどうでもいいやと、片付けてしまえないのが私の性分である。

考えてみれば酒だけではない。スパークリングと言えば、こうしたシャンパンやプロセッコといったスパークリング系のワインにかぎらず、サイダーやコーラのようなノンアルコールの炭酸清涼飲料もまた、昔から気分を上げる飲み物として世に流通している。

私が子供だった昭和の頃、コカ・コーラやキリンレモンのような炭酸清涼飲料水のC

Mは、迸るような爽やかさや眩しさが炸裂し、「飲めばあなたの未来はもう良いことしか起こりえない、人生万歳！　自分万歳！」というイメージのものが多かった印象がある。

画面の中で炭酸飲料を飲んで満面の笑みをたたえながら、快活な音楽をBGMに、飛び跳ねたりはしゃいだりしているハッピーな美男美女の映像を、世知辛い今のご時世によって歪められた目線であらためて見てみると、まるで何かヤバい覚醒反応が出ているのではないかと勘繰ってしまいたくなるくらいだ。もし本当にアルコールも入っていない炭酸飲料を飲んだだけであんなに有頂天になれるんだったら、世の中はきっと今とは違ったものになっていただろう。

＊

ちなみにスパークリングワインやスパークルウォーターの「sparkle」とは、「煌めき」や「火花」を意味する英語だが、イタリア語だと「frizzante」という単語になり、「ちょっとばかり刺激的」というニュアンスとしても用いられることがある。飲めば体の中も泡のようにバチバチ弾ける炭酸効果に、アルコールが加わればスパークル気分がさらに増す。その代表格的飲み物がビールだろうか。

そう言えば、海外の人が日本のテレビを見ていて特に印象に残るのがビールのCMだと、何かの統計に出ていたのを思い出す。欧米では宗教的倫理による規制でそれほどお酒のCMを流せないというのもあるのかもしれないが、イタリア人の夫も日本のビールの宣伝を見ると、なんだかわからないけど元気になるのだと言っていた。

気になって一九七五年から一九九〇年代までのビールのCMを集めた動画を確認してみたら（本当に今の世の中なんでもある）、バブルという特殊な時期にも差し掛かっていたからかもしれないが、なんだかやたらとハイスペック・ハイコストなものばかりで驚いた。清涼飲料水のCMとは違って、登場人物には社会で身につけた世知辛さの質感が伴っている。だから、ビールを一口飲んだ瞬間の回復効果の説得力が半端ない。

瓶ビールが主流だった一九七〇年代では、まず栓がスポン！　と抜ける潔い破裂音とグラスにビールがトクトクトクと注がれる音、そしてそれを飲んだ人物の口も小鼻も全開状態になった絶頂顔のアップ、「ぷはあっ」「カーッ」という勢い余った吐息。缶ビールになれば、プシュッと空気を破裂させるプルタブが栓に置き換わるが、飲んだ人の眉間から目に思い切り力の入った顔面穿孔全開型で、ビールのスパークルな喉越しを「ぷはあっ」「カーッ」と表現するスタイルは変わらない。

夏の海。都会。雪山。戦うサラリーマンに漁師、水着の女性を見つめる男や失恋するペンギン、どんな季節のどんな場所であろうと、ビールを口にした者はその刺激によってたちまち人生謳歌モードに入っている。凄いことである。

アルコール度数が十二パーセントのシャンパンは、私などあっという間に酔いが回るが、度数が四〜五パーセントのビールであれば、ほろ酔い気分になっても意識が離脱するまでにはなかなかならない。このほど良さが昔から人々に愛飲され続けてきた理由だろう。なにせ人類最初の文明と言われるシュメール人が残した粘土板に、楔形文字でビールの製法が記録されていたというのだから、文明の歴史はビールとともにありきと言っていい。

シュメール人の時代はホップが用いられていたわけではなく、麦を乾燥させて粉にしたものをパンとして焼き、そこに水をかけて発酵させて作っていたそうだ。おそらくだが、飲もうと思って汲み置きしていた水の中にパンを落としてしまい、しばらく経ってからうっかりそれを口にしたところ、「えっ、なにこれ。シュワシュワしていけるじゃん！」というようなことだったのではないだろうか。

やがてビールは、その製法や販売について、かのハンムラビ法典にも法として制定されるくらい、当時の人々にとってポピュラーな飲み物になっていったようだ。ちなみに古代ギリシャ・ローマといった地中海世界でもビールの製造は試みられていたそうだが、気候風土的に北部と比べてあまり美味しいものはできなかったらしい。当時からすでに文明的な飲み物であったビールよりも、ワインが地中海沿岸の地域でメジャーな飲み物となったのは、要するにそれらの地域では美味しい葡萄がよく育ったからである。

イタリア北部のヴェネト州を中心に生産されているプロセッコは、アルコール度数も十一パーセント程度なので、昼食時からグラスに軽く一杯やる人も少なくない。かくいう私も十七歳でイタリアで暮らし始めた最初の土地がこのヴェネト州だったこともあり、当地で最初に親しんだのがこのプロセッコだった。プロセッコの歴史も、また古代ローマ時代に遡ると言われている。美食家で斬新なものが好きだった、彼らのことを思えばその説に異論は無い。

結局のところ、ビールもプロセッコもシャンパンも、発酵によって泡が発生するような飲み物は、偶然によって生まれたものなのだろうと勝手に想像しているが、もしシュメール人が今の時代にやって来て、ビールのＣＭでも見た日には、五千年もの時を経てなおビールが人気を誇っていることに、さぞかしびっくりするに違いない。

＊

ちなみに飲み物以外のスパークルな液体と言えば、鉱泉の炭酸水である。私も日本にいる間は、保温効果に優れた炭酸泉系の温泉に入りに行くことがある。この炭酸泉は飲み水、つまりソーダとして一般に流通するようになるが、かつて古代エジプトのクレオパトラがワインビネガーに真珠を溶かしたものをこの炭酸水で割って飲んでいたという伝説もある。炭酸水が飲用されていたのも相当昔からのことのようだ。

日本では、奥会津にある大塩温泉で湧出している炭酸水が明治時代に商品化され、「芸者印・タンサンミネラルウォーター」として輸出されていた。今我々が日本でも飲めるフランスのペリエやイタリアのサン・ベネデットなどがヨーロッパ系の鉱泉炭酸水として代表的なもので、国産にはウィルキンソンがある。日本在住のイギリス人、ウィルキンソン氏が、明治時代に兵庫県の宝塚温泉近辺で炭酸の鉱泉を偶然発見。当時海外の賓客をもてなすための食卓水を求めていた明治政府の要望で、この炭酸水を商品化したらしい。ウィルキンソンは、日本で生まれた日本の炭酸水なのである。

そしてこうした炭酸水に、砂糖やクエン酸を混ぜればサイダーという飲み物になる。

サイダーというのは英語でリンゴ酒を意味するが、日本ではアルコールを含まない炭酸清涼飲料を一般的に「サイダー」と呼称するようになった。英語圏では、こうした炭酸系砂糖水に果物の酸味をつけたものを「レモンライム」または「レモネード」と呼んでいる。「ラムネ」というのは、要するにこのレモネードの発音が訛ったものらしい。

漫画『テルマエ・ロマエ』でも、炭酸泉は腐った酒を飲まされたルシウスの胃もたれを緩和していたし、ビールやラムネにも衝撃を受けるシーンが出てくるが、スパークリングな液体というのはこうして歴史を辿っても、何某かのかたちで人生を活性化させるきっかけになってきたことが、何となく調べてみただけでもよくわかる。

締めくくる前にスパークル飲料に関わるR18な話をひとつ。

かつてフィレンツェで画学生をしていた私が凝っていたのが、古い絵葉書の収集だった。特に十九世紀半ばから二十世紀初頭の、写真よりもイラストのものが好みで、あちこちの蚤の市に繰り出しては古物商のスタンドでこうした絵葉書を物色していた。そこで時々見かけたのが、美しい女性が泡の噴出しているシャンパンのボトルに跨って嬉しそうにしていたり、コルクが吹っ飛んだシャンパンボトルを見て微笑んでいたり、ボトルにうっとり抱きついているというモチーフが描かれた絵葉書だった。

大抵は景気良く栓を吹き飛ばしているシャンパンの脇に、新年を祝福する文句が書いてあるので、新年の挨拶に用いられていた絵葉書だとばかり思っていたが、ある日古物商の主人から、発泡しているシャンパンボトルはエロティシズム的な比喩でもあると教えてもらった。確かに、欧州では今でも女性がボトルを持ってお酒を注ぐことは下品とされているが、それはつまりボトルそのものが男性器の象徴とされているからである。

ボトルの口から泡が噴出し、その勢いでコルクやボトルが吹っ飛んでいるのを喜ぶ女性たちという絵柄は、要するに、すごく上品に表現すれば「生命力万歳」である。結婚式や祝い事でシャンパンのグラスを交わし、レースの勝者が発泡酒を浴びるのは、要は生産性や力強い生命力への賛辞と捉えて良いのかもしれない。

とにもかくにも、シャンパンだろうとビールだろうと、またはサイダーやコカ・コーラのような清涼飲料水であろうと、グラスに注げば下から上に向かって勢いよく発生するあの小さな泡のように、私たちを常に刺激的かつ幸せな心地にさせてくれるスパークル飲料は、様々な試練に耐えながらも前向きに進んでいこうと努める我々の人生を支えてくれる、ありがたい飲み物であることには違いない。

Ⅶ　世界の「おふくろの味」

パドヴァの家から歩いてすぐの場所にあった行きつけのレストランに、態度も言葉もふてぶてしい老人がよくお昼を食べに来ていた時期があった。人間嫌いを絵に描いたような人だったが、妻に先立たれ、家政婦の作る料理では満足がいかず、仕方がなくそのレストランに足を運ぶようになったらしい。

耳が遠いので声がやたらとデカく、注文をする声も、隣人の悪口も、全て店内で食事をする客に丸聞こえだった。対応するのは、やはりこの老人と同世代のマウロというオーナーシェフだが、この人の性格もかなりマイペースなので、爺さんの態度があまりに行き過ぎると、「あんた、お客の迷惑になるから出てってくれ！」などと平気で口にする。そんな時は爺さんも情動的な罵詈雑言を噴出させながら店から出ていくが、翌日には何事もなかったかのように姿を見せるし、マウロも何も言わない。そのルーティンに店の人間もお客も皆慣れてしまって、時々二人の言い争いが繰り広げられてもいちいち気にしないようになっていた。

しかし、とある日を境にこの爺さんが店に姿を見せなくなってしまった。どうしたのだろうと思っていたところ、近所で買い物用の白いビニール袋をぶら下げて歩いているマウロとすれ違ったことがあった。どこへ行くのかと尋ねると、例の爺さんが入院しているので、頼まれた昼食を届けに行くのだという。

「あいつ、うちにきてもメニューにないもの注文してただろ。入院したらもっとわがままになりやがって、やつのおふくろが作ってたのと同じトマトソースのスパゲッティを作って持ってこいと言うんだよ」とマウロは呆れていた。呆れていながらも、しっかりとリクエストに応えるところに彼の人情と寛容さが垣間見えた。

最初に持って行ったトマトソースは、マウロが気に入って使っているシチリア産の甘いトマトを煮込んでマルサラ酒で味付けをしたソースだったが、病室のベッドでそれを一口食べた爺さんは、「違う、こんなんじゃない！」と赤い飛沫を口から噴出させながらマウロに訴えたのだそうだ。

「こんな、こじゃれたソースじゃなくて、普通のトマトソースだよ、普通のやつ!!」

マウロは腹を立て、三日ほど病院へ出向くのをやめた。でも自分の料理の腕を非難されたのがどうにも癪《しゃく》に障って、結局、市販されているトマトの水煮缶で作ったトマトソースのパスタを持って行ってみると、「美味しい、美味しい」と喜んで食べたのだという。シェフになって何十年も経つが、マウロが市販のトマト缶だけのシンプルなトマトソースを作ったのは何十年ぶりだったそうだ。

爺さんが「そうそう、これだよ、これ。おふくろの味ってのはこうじゃないと!」と、やはり赤い飛沫を口から噴出させながら、嬉しそうにスパゲッティを頬張っているのを見て、マウロはどんな凄腕料理人も「おふくろの味」を再現できなければ一人前とは言えないと感じたのだそうだ。

＊

この爺さんにとっては、トマトの水煮缶で作ったトマトソースが「おふくろの味」だったが、同じイタリアでも当然地域や出自によって「おふくろの味」は変化する。うちの夫と義母の「おふくろの味」は、「グラーシュ」というドイツ風煮込み料理にトウモロコシ粉を練った「ポレンタ」を付け合わせたものだが、これは義母の母が第一次世界大戦時にはオーストリアとの戦地にもなった北イタリア・ヴェネト州の山の麓育ちだったことが影響している。「おふくろの味」には、そうした歴史的な背景も反映されている。

一方、ヴィチェンツァ生まれの母を持つ義父の「おふくろの味」と言えば、名物の干し鱈のクリーム煮込み。しかし義母はこの料理が苦手だった。義母と姑は仲が悪かったので単にそれが要因かもしれないが、義父はレストランへ行く機会があると、必ず家ではなかなか食べられない鱈の煮込みを頼んでいた。

フィレンツェ生まれの友人の「おふくろの味」は、短いマカロニと豆を煮込んだ「パスタ・エ・ファジョーリ」だったし、ローマっ子の友人は、ショートパスタを使ったカルボナーラを挙げていた。南部プーリア州の友人は、「オレッキエッテ」というパスタそのものがいつもマンマの手作りだったので、彼女も自分の家族にやはり手作りのオレッキエッテパスタを使った料理を食べさせている。南北に長く、自治国家時代が長かったイタリアでは、「おふくろの味」のバリエーションも実に多様だ。

イタリアからの移民を多く受け入れた南北アメリカ各地でも、「おふくろの味」がイタリア料理である場合が多いが、以前ブラジルのサンパウロの友人宅でポレンタがテーブルに出てきたのを見て、その家の奥さんの両親がヴェネト州からの移民であることがわかったし、シカゴ時代に仲良くしていた女性は、南部イタリアが親のルーツということで、辛いサラミを使ったパスタをよく作っていた。彼らは、自分たちの地元を離れ、遠い場所で、かつて食べていた料理をそのまま「おふくろの味」として継承し続けている。

日本における代表的な「おふくろの味」として思い浮かぶものもまた様々だ。残念ながら私は、料理を得意としない上に、家にほとんどいない音楽家の母親に育てられたので、「おふくろの味」で思い出すのは手の込んだ料理ではなく、砂糖を混ぜたバターを塗った食パンのサンドウィッチである。

小学生の頃、遠足の昼食時にお弁当箱の蓋を開け、中にこのバターを塗った真っ白なパンが敷き詰められているのを見た時のショックは未だに忘れられない。夜、家に帰って来た母に向かって、頼むからもっと標準的な弁当を拵えてほしいと切願するも、「あのパンの何がいけないの、戦後のご馳走だったのよ」と聞く耳を持ってもらえず、結局お弁当は自分で作るようになった。それ以外であれば、ロールパンだろうか。とにかく加減のわからない人だったので、一つ凝り始めるとそればかり作るという性質があり、愛読書だった「暮しの手帖」で学んだロールパンを、くる日もくる日も焼き続けたことがあった。今でも街角のパン屋でロールパンを見ると、毎日同じものばかり食べさせられて食傷気味だった私に、「美味しいでしょ」と誇らしげにしている母のドヤ顔を思い出す。

ネットで調べてみると、日本人が「おふくろの味」として思い浮かべる料理ランキングの一位は肉じゃがだそうだ。確かに肉じゃがという料理は、どんなに殺伐とした気分であっても目の前に出されると、問答無用にホッとできる一品だ。

肉じゃがに次いで二位は味噌汁、三位は卵焼き。その後に並ぶのはカレーライスやおにぎり、金平牛蒡《きんぴらごぼう》、コロッケ、オムライス、ひじきの煮物といった昭和色の濃い料理ばかりだが、これらもまた次世代になれば変化していくのかもしれない。考えてみたらランキングされているカレーライスやオムライス、コロッケにロールキャベツなんていう料理も、西洋の食文化の影響を受ける以前の日本には存在しなかった「おふくろの味」である。

＊

現代のおふくろは、社会における立ち位置も行動半径も昔とは違う。働く母親が当たり前になった昨今の家庭では、料理に掛けられる時間もゆとりも昔のようにはない。ファースト・フードのような食事が当たり前の世代が今は親になっているし、コロナによってレストランからの料理の宅配も当たり前のものになった。こうした時代を経て、そのうち「おふくろの味」といっても手料理である必要性がなくなるような日が来ることも、十分に考えられる。

ちなみに幼い時から世界転校を繰り返してきた息子にとって、「おふくろの味」は何かと聞いてみたら、「フェイジョアーダ」という答えが戻ってきた。「フェイジョアーダ」とはブラジルで食べられている屑肉と黒豆の煮込み料理だが、それこそブラジル人にとっての代表的な「おふくろの味」である。日本人でイタリア人の家族を持つ海外暮らしの長い私だが、心身にスタミナをつけて元気になりたい時に作るのがブラジルでよく食べていた、この「フェイジョアーダ」である。早くから日本を出てしまい、世界を転々としてきた私のような人間を母親に持った息子にとってのこの「おふくろの味」もまた世界の距離が狭まった現代社会の傾向を反映していると言えるだろう。

どんな料理であろうと、人間が大人になり、家庭から外に出て、社会の荒波に揉まれるようなことがあっても、一口食べただけで癒され、守られているような心地をもたらしてくれるのが「おふくろの味」の定義である。

おふくろは、時に子供を厳しく叱咤するけれど、最終的にはあたたかく包み込んでくれる大きな存在だ。殺伐とした昨今の社会情勢の中で気丈に生きていくうえでも、「おふくろの味」は大きな役割を為すはずである。

私がもし平和の策を提案できるような立場の人間であったなら、気が荒《すさ》んで冷静な判断ができなくなっている人には、まずゆっくり温泉に浸かってもらい、その後自分にとってかけがえのない「おふくろの味」を堪能してもらいたい。外側と内側からダブルの温もり効果があれば、蓄積した毒素を排出し、強ばった精神を弛緩させてくれるのではないだろうか。

入浴までは無理だとしても、前述したレストランのマウロと老人の場合も、あれだけお互いを牽制し合っていながら、「おふくろの味」を介した外交は成立していたわけだから、叶わない話でもないと思う。ちなみに無事退院を果たした爺さんは、それ以降マウロのレストランでは荒ぶることもなく、週に三回は通っているという。最近レストランで彼を見かけたという夫の情報によれば、やはりその時食べていたのも、普通のトマトソースのパスタだったそうだ。

第5章

忘れがたき思い出メシ

I　お節料理か、豚足か

幼少期、年末年始は東京の母の実家で過ごすのが習慣だった。何もかもが真っ白な雪に覆い尽くされてしまう北海道の景色が、一晩寝台列車で移動しただけで樹木や家屋の屋根など色味を帯びた世界になっているあの変化が、冬の嫌いな私には嬉しかったし、祖父母と同居する叔母一家の従兄弟たちと、雪に埋もれることのない公園や空き地で遊べるのも楽しみだった。

当時祖父母の暮らしていた家は、戦後鵠沼《くげぬま》の家を手放した祖父が、とある文人が所有していたものを昭和三十年代に買い取ったもので、居間には古い掘り炬燵があり、縁側の片隅には従兄弟の勉強机が置かれて、廊下を渡った離れには中庭に臨む祖父の書斎があるという、典型的な当時の中流家庭向けの家だった。北海道との大事な接点だった夫に先立たれ、アウェイな心地が拭えぬまま過ごしていた母にとって、やはり年末には本人も一時期暮らしていたこの家に戻って羽を伸ばし、翌年へのエネルギーをチャージする必要があったのだろう。

だからなのか、大晦日に祖母と叔母、そして鵠沼時代から一緒のお手伝いさんがせっせとお節料理の準備を進めていても、母がそれを手伝っている姿を見たことがない。学校を出てからすぐに外で働き続けてきた彼女には、そもそも料理への意欲や関心がそれほどなかった。それをわかっているからなのか、彼女の母親も妹も何も口出しはしない。その代わり、従姉妹や私が元日に揚げるための凧作りを手伝ってくれたり、冬休みの宿題に加勢してくれたりするのは頼もしかった。

そんな実家で正月の度に食べていたお節料理だが、実を言うとその味はほとんど記憶に残っていない。子供にとってあの日本古来の伝統料理は彩りや盛り付けこそ綺麗ではあっても、大して美味しいとも思えないものだったし、それればかりを数日間延々と食べ続けると飽きて食欲も萎えてしまう。だから雑煮や餅が出されると、お節から解放されてホッとしたものだった。その心境は母も共有していたようで、子供に向かって「お母さんはお節料理ってあまり好きじゃないな」と漏らし、仕事で帰省ができない正月も、家ではせいぜい伊達巻となますを普段の料理に添えるくらいで、祝いの行事を意識した特別な脚色をすることなど全くなかった。

それがどういうわけか、六十歳を過ぎてオーケストラを退職してから、熱心にお節料理を作る人になった。母いわく、かつて実家で祖母と叔母が作ったお節料理が綺麗に収められていた、飛翔する鶴の蒔絵が描かれた古い重箱を祖母の形見として引き取ってから、お正月にはお節は作らねばならないと感じるようになったのだと言う。

オーケストラの仕事は引退しても、バイオリンの生徒は五十人に増え、しょっちゅう海外の演奏家のためのコンサートを企画したりと、以前にも増して忙しく慌ただしい人になっていたが、にもかかわらず日本における正月の食の伝統を重んじるようになったのは、遺品の重箱を使い続けねばならないという義務感のほかにも動機があったようだ。

＊

イタリアで正月は単なる休日に過ぎず、クリスマスと正月における人々の過ごし方は、日本と真逆と言っていい。クリスマスは、主に家族や親族のみで過ごすキリスト教に根付いた厳かな行事であるけれど、年越しは友人たちや大人数のパーティーで大はしゃぎをする日と捉えられている。

十二月二十六日の聖ステファノの祝日が終わると、人々は年末の行事に向けて一気にそわそわとし始める。街中のブティックのウィンドウには、大晦日のパーティー用の大胆な服を着たマネキンが並び、方々から爆竹の弾けるけたたましい音が鳴り響く。それに驚いた犬が吠え、駐車中の車の盗難アラームが反応して、うるさく警報が鳴る。

そんな騒々しさなどお構いなしに、通りに溢れる人々の表情は新しい年の始まりに託した期待に浮かれ、食料品店ではパーティー用の食材のほか、クリスマスから引き続きパネットーネやパンドーロのような伝統菓子と、新年の瞬間に栓を開けるためのスプマンテが矢継ぎ早に売れていく。これが私の知るイタリアの年末における光景だ。

私が画学生だった頃、フィレンツェでの年越しは大抵友達や直接は知らない知人のまたその知人の企画したホームパーティーで、誰だかよくわからない人とワインをしこたま飲み続け、朝まで大騒ぎをした覚えがある。北イタリアの夫の実家で毎年催されていた盛大な大晦日のパーティーでは、翌朝、居間のソファや床にどこの誰だかわからない人が何人も寝そべっているという光景を目の当たりにすることが度々あった。凍てついた外に出てみれば、夜中に皆で楽しんだ花火の残骸が散らかり、台所には飲み干したワインの瓶がびっしりと並べられている。大量の皿が洗い場に積み重ねられていて、一月一日の午前中はまずそれを片付けることから始まるのである。

大晦日に振る舞われる料理は、脂っこいものが多い。家で催すパーティーの場合、招待された客がそれぞれ料理を持ち寄ることもあるが、そのうちの何人かは「ザンポーネ」と呼ばれる、挽肉の詰まった茹で豚足を持ってくる。豚の脂が、中の挽肉の肉汁と旨味をゼラチン状に固め、輪切りにされたものを一片も食べれば胃にずっしりと来るが、相性のいい赤ワインを飲んでいる限りいくらでも食べられる。付け合わせは、平たく丸いその形状から、お金が貯まる縁起物の食材とされるレンズ豆の煮込み。それ以外にも地元名物の「グラーシュ」と呼ばれる肉のシチューに、トウモロコシ粉を練った「ポレンタ」、ヴェネチア風イワシのマリネにパーティーには定番のラザニア。そして地域の特産チーズ、マスカルポーネを練って作った自家製ティラミス。

年が明け、洗い場に溢れる皿に付着した、そうした一夜の食事の形跡を目の当たりにすると、二日酔いですっかり弱り果てた胃がさらに活力を消失して萎縮する。「トリマルキオ」という古代ローマの解放奴隷が催していた飽食の宴の描写は、フェリーニも『サテリコン』という映画で表現しているが、正月になるとキリスト教化したはずのイタリアの人々の中に眠っている、古代ローマ人のＤＮＡの気配を感じずにはいられなくなるのだった。

私の母は、そんなイタリア式の正月を何度か経験している。日本の正月とは見事に方向性の違うそのしっちゃかめっちゃかな宴の有様を、最初の頃は異文化ならではの興味深い経験として楽しんでいたようだが、回を重ねるごとにどこか嫌厭するようになっていった。一年の終わりを乱痴気騒ぎ、そして新しい年の始まりをこんな食べ残しや汚れと共に始めるなんて、たまったもんじゃないわ。日本だったら作りおいたお節を食べてのんびりすればいいだけなのに、もうイタリアのお正月はたくさんよ。そんな愚痴をこぼしながら、洗い物の手伝いをしていた姿を思い出す。

＊

こうしたイタリアでの年末年始体験が、母が突然お節料理に熱心になり始めた理由の一つとして考えられるような気もする。ちなみに私の息子は、母が一生懸命に作ってくれるお節の品々はどれも苦手だったらしく、積極的に食べようとはしなかった。そもそも、なますや昆布巻、黒豆に栗きんとんなんてものは、ただですら現代の子供の味覚の嗜好にはほど遠く、ましてや普段外国に暮らしている子供にとって、ハードルが高い。儀式的な要素の強い伝統料理というものは、美味しい、美味しくないといった、味覚を優先にしたものではないと知るまでには時間がかかる。果たして昨今の若者たちが、そこまでしてお節料理という文化を継承していきたいものかどうか全く予測もつかない。

普段であればクリスマスはイタリア、新年は日本の家族とともに迎える私であったが、二〇二〇年から二一年にかけてはコロナ禍でどちらの家族とも一緒になれないまま、年末年始を過ごさねばならなくなった。イタリアの慌ただしい正月も、家族だけで迎える厳かな日本の正月もなく、ひっそりと過ごす正月は、人生で初めてのことかもしれない。

そう思った途端、ほんのりとした寂しさとともに頭に思い浮かび上がってきたのは、イタリアの茹で豚足やレンズ豆ではなく、お節料理の黒豆や冷たい栗きんとんであり、それを台所でせっせと準備している祖母や叔母の後ろ姿だった。遠く離れた土地でがむしゃらに働く母が、家族に囲まれて普段の緊張を解し、掘り炬燵で寛いでいるのを脇からぼんやり見ていた、あの遠い時間の記憶だった。

お腹を満たすよりも、穏やかさと安心感で胸を満たしてくれた、あの懐かしいお節料理を、今こそ心ゆくまで食べたい。

Ⅱ　思い出のアップルパイ

湘南の裕福な家に生まれ、通っていた地元のミッションスクールには、ばあやの送り迎え付き、しかも遊ぶ友達まで決められていたという家柄の育ちの母にとって、料理は自分で作るものではなかったらしい。それでも日本の女性たるもの、育ちがどうであれ、料理くらいはどこかで学ぶはずだと私も思うのだが、母のまた母もお育ちが宜しく、明治生まれでありながらバイオリンが上手な上、茶道もお花も嗜むのに、料理だけはしない人だった。

戦時中、それまで暮らしていた鵠沼の家は軍隊の寮として接収され、戦後は池袋の小さな一軒家に引っ越した一家は、それまでの悠長な暮らしを続けられなくなった。その頃から祖母は料理を頑張るようになったというが、私が幼い頃、東京の実家には鵠沼時代から世話になっていた青森出身のお手伝いさんが同居しており、彼女が家事の全てを手がけていたので、祖母が率先して家で料理をしているのを見た記憶はない。

そんな母親を持ってしまえば、娘も当然料理は自分がするものではないと信じ込んで育ってしまうし、そのまた娘も、経済状況がどうであれ、料理は食べる方が優先順位という考え方になってしまうのである。

祖母と同様に、あくまで花嫁修業の一環としてバイオリンを習わされた母だったが、戦乱の不穏な日々を音楽に救ってもらったことから、プロの演奏家を志すようになった。「女が芸で身を立てるなどけしからん」と両親から怒鳴り散らかされるも、半ば勘当のようなかたちで当時札幌に設立されたばかりの交響楽団に入団するため、自分とは縁もゆかりもない北海道へ移り住んだ。

その後、現地の同業者と結婚するも、間も無く死別。私が生まれた頃には、明日の食料にも事欠くシングルマザーのオーケストラのヴィオラ奏者として、喧嘩別れした親に縋ることもなく生きていた頑固者の母だが、流石に北海道で暮らすようになってからの自活は必死だった。

数年前、母の家の整理をしていたら、私が一歳になった頃に、当時預けられていた保育園の保母さんと母が交わしていた交換日記が見つかった。そこには音楽一本で食べていくのがいかに大変なことか、そして私がまだ一歳にも満たないのに大食漢で困り果ててしまった、というようなことが綴られている。離乳食として与えた味噌汁をガブガブ飲み込む私を、母は日記上で「ガブ子」と呼んでいる。

母はオーケストラから支給されるわずかな月給で、そんな大食らいの娘を抱えながら食べていく工夫をしていかなければならなかったわけだが、彼女の暮らしの絶大な支えとなっていたのが、「暮しの手帖」という雑誌だった。

祖母の代から読み継がれている、大量の「暮しの手帖」が今でも押し入れにぎっしり収納されているが、一九六〇年から一九七〇年代あたりのものを取り出してみると、余白に母の字による書き込みがあったり、しおりが挟まっていたりと熟読の度合いが計り知れる。

「暮しの手帖」の世界観にのめり込んでいた母の生活のファクターは、概ねこの雑誌をベースにしたものとなる。とりわけ彼女が頼りにしていたのが料理のページだった。

「暮しの手帖」は、戦後の日本の生活環境を俯瞰するのが特徴の雑誌だが、日本が猛烈な速度で経済成長を始めると、この雑誌の姿勢もどんどん厳しく辛辣になっていく。

利便性を掲げる画期的な電気製品が発売されるようになれば、それらをことごとくテストして欠点を暴き出し、「こんなものは買う必要などない」と容赦なくジャッジする。社会の既成概念や同調圧力に対して、常に疑念を抱いていた花森安治《やすじ》という特異な人物が編集長を務めていたゆえの方向性だと言える。そう言えば数年前、この雑誌の創刊者である大橋鎮子《しずこ》や花森安治を描いた朝ドラが放映されていたので、ご存じの方もきっと多いとは思うが、この雑誌のそうした思想に母もすっかり傾倒していたらしい。

だから、食べ物にしても、販売促進ばかりを意識した、保存料や着色料がふんだんに使われているようなものには警戒心を払っていたし、原価よりも圧倒的に高い値段で売っている食品に対しても懐疑心をあらわにしていた。

＊

適正価格ではない食品と言えば、ひとつ思い出したことがある。

ある日、就学前の私と妹を神社のお祭りに連れていった母は、縁日に立ち並ぶ食べ物の屋台に気を取られそうになる娘たちに、「あんなの食べたらお腹がいたくなるんだからね！　あんなのは高いだけで美味しくもなんともないのよ！」といった言葉を浴びせかけ、子供心に芽生えた邪道な欲求を払拭させようと必死になっていた。しかし、色とりどりのビニール袋に入った綿菓子の屋台が目に入った途端、事態は面倒なことになった。

私たち子供の目には、当時テレビで流行っていたアニメや可愛いキャラクターがプリントされた袋は魅惑的に映ったし、ふわふわの雲のような見た目もさることながら、あたりに漂う甘い砂糖の香りも強烈だった。頼むから、どんなことでもするから、お願いだからあれだけは買ってくれまいか、と母に強請《ねだ》ってみれば、「十円くらいの原価のものをあんなに高い値段で売りつけて馬鹿馬鹿しい」と取り付く島もない。妹はついに「欲しいよう」と泣き出す始末。私も「せっかくのお祭りなのに」などと呟きながら、ふてぶてしくその場にしゃがみ込んでしまった。

周りから鋭い視線攻撃を浴び、根負けした母は、しぶしぶ当時ブームだったパンダが描かれたピンクの袋をひとつ買ってくれた。「どれだけ邪道な食べ物なのか、自分たちで確かめてみなさい！」と非難する母の見ている前で、袋から取り出した綿菓子が絡み付いている割り箸の所有権をめぐって、泣き止んだ妹と私で取り合いとなり、綿菓子を思わず地面に落としてしまうという悲劇が発生した。私と妹は呆然とそこに立ち尽くした。

「落ちても食べなさい」と母は怒りを抑制させた声でそう言って、私たちを睨みつけた。

「いいからさっさと食べなさい」

私と妹は黙って落ちた綿菓子を拾うと、表面に付着した土やゴミを大雑把に取り除き、何事もなかったふりを装ってそれを口にした。雨上がりの湿った土も、口の中に入れてしまえば気にならなかった。それよりも、綿菓子のふわふわな感触が夢のようで、母にどんなに非難されようとも、多少ゴミがついていようとも、何ものにも代えられない達成感に浸った（余談だが、数年前の健康診断で自分の胃にピロリ菌が湧いているのがわかった時、医者から「子供の頃に口にしたものにバイ菌が湧いていたりすると、それが原因になる場合も」という説明を受けた瞬間、脳裏に浮かんだのが、この綿菓子である。ちなみに妹も、やはり胃にピロリ菌が湧いているのを知った瞬間、同じことを思い出したという。本当かどうか知らないが、菌はすっかり除去したので何の後ろめたさもない）。

＊

そんなわけで母は、市販のお菓子や飲み物に対して全く気を許すことがなく、甘いものが食べたい、パンが食べたいと言えば、自分で手作りしたものでないと子供に食べさせようとはしなかった。一か月のうちに休みが三日あるかないかというほど忙しいくせに、時間を捻出しては取り憑かれたように手作りのお菓子やパン作りに固執していた。

私が小学生だった頃、母の流行りはアップルパイだった。

時間があれば、これでもか、というくらいアップルパイを焼いていた。私が今もアップルパイが苦手なのは、おそらくあの頃に一生分のアップルパイを食べたからだと思っている。留守をしなければならない時も学校から戻ってくると、テーブルの上に大量のアップルパイが置かれていたりする。ついにはうちに遊びにくる子供ですら、「またこれなの、マリちゃんちってこれしかないの」と呆れていたほどだった。

アップルパイに飽きた後は、揚げドーナツが続き、その後は蒸しプリンだった。干し葡萄入りの蒸しパンというのもあったし、ロールパンに関しては大量に焼いては隣近所にも配り歩いていた。そして、それらのレシピは言うまでもなく、全て「暮しの手帖」で紹介されていたものである。

「外のお菓子屋で売っているのより、ずっと美味しいでしょ⁉」と母は自分の作ったお菓子やパンを自画自賛し、「暮しの手帖」のレシピは素晴らしいと絶賛しまくっていたが、私たちは母が演奏会でいない時は、なけなしのお小遣いで、近所の食料品店で周りの友達が食べているのと同じようなお菓子を調達して食べていた。アイスクリームや飲み物も思い切り着色料が用いられているのを選び、妹と二人で赤や緑色に染まったベロを見せて笑い合った。やっと自分たちも世俗の世界に足を踏み入れることができて、本当に幸せだった。と同時に、自分たちをアップルパイ地獄に陥れた「暮しの手帖」という雑誌が恨めしくてならなかった。

しかし、それから十年ほど経ち、イタリアでの単身留学生活で自炊をしなければならなかった私が頼りにしたのは、母から託された「暮しの手帖」の料理レシピだった。

当時の「暮しの手帖」には、母が実践していたような添加物を一切使わない自家製のパンやお菓子の作り方だけではなく、高級ホテルやレストラン、それに高級割烹の料理人が紹介する料理が写真入りで掲載されていて、それが結構役に立ったのである。

日本の食材が手に入らなくても、外国料理であればイタリアでも実践可能だし、しかもどれも簡単にできるものばかりだった。あの頃自分が作った「暮しの手帖」流の料理は今でも覚えているが、煩悩に翻弄されない質素かつ知的な暮らしというものだけではなく、掛け値のない食文化の品格を惑わず提示しているところなど、この雑誌が母の心を鷲摑みにしていたのも、今となっては至極納得がいく。

高度成長期の勢いに煽られ、食に対する横柄で粗雑な捉え方が膨張する中で、「暮しの手帖」で紹介されていた帝国ホテルのポタージュスープや吉兆のおばんざいの立ち位置は、その数ページ先で紹介されているアップルパイとなんら変わりはないのである。

*

あれからバブルだ、不景気だと浮き沈みが繰り返されてきた時代の流れの中で、世の人々の舌は、あの頃に比べて確実に肥えていった。東京は世界で最もミシュランの星付き店が多い美食都市と称されるようにもなった。そして何より驚くべきことは、世界のありとあらゆる地域の食事を楽しむことのできる今日の日本で、少なくとも私は、心底から落胆するほど不味いものになかなか出会わなくなったことである。中華やフレンチやイタリア料理もフランス風のパンやお菓子も、どんな店のものであろうと、正直現地で食べるものよりよほど美味しいと感じさせられるものばかりで、驚かされる。日本における食文化がここまでハイグレードなものに築き上げられた、その背景には間違いなく、日本人の勤勉さと固執性が関わっているのだろう。

なのだけど、私はふとした時に経済的背景を払拭した母の「暮しの手帖」料理のあれこれを思い出すことがある。音楽業を全うしつつも必死で子育てをしていた母だが、あのマンネリのアップルパイや揚げドーナツには、生活が苦しかろうと食事に対するリスペクトや意識までは飲み込まれまいとする、強固な意志が込められていたのだろうと思う。どんなに生活が苦しかろうと、音楽という道を選んで突き進む母のプライドと、彼女の作る「暮しの手帖」のお菓子や料理は、確実にシンクロしていたのだ。

今となっては、あの懐かしい味をまた口にしたい。今ならば、きっと美味しく食べられる――などという素敵なオチにしたいところだが、残念ながらそうはいかない。

正直、それくらい母のアップルパイは私にとって強烈なトラウマになっているが、今の自分を作り上げた大切な食べ物のひとつであることは間違いない。

Ⅲ 「出前」のありがたさについて考える

子供の頃、客人が来ると母は、近所の蕎麦屋から出前を取ることがあった。『サザエさん』でもお客の接待だったり、フネさんが不在だったりすると、「店屋物を頼もう」という流れになり、カツオやワカメたちは飛び跳ねて大喜びをする。あの頃の一般の人たちにとって、出前というのは嬉しい非日常であった。

今でも子供の頃暮らしていた団地の玄関の扉を「まいどー」と威勢の良い声とともに開けて入ってくる蕎麦屋のお兄さんの、白い帽子をかぶった姿が記憶にしっかり焼きついている。蕎麦屋との距離は歩いても十分程度だったから、配達される蕎麦や天ぷらはいつも出来たての熱々で、どんぶりの蓋を開けた時に立ち上る湯気と香りは、私たちにこのうえない幸福感をもたらした。

料理がそれほど得意でもなければ、そもそもオーケストラの仕事で忙しい母は、出前を取ることが多分他所様のお宅に比べて多かった。とはいえ、近所にはその蕎麦屋とラーメン屋しかないので、出前を取るとなるとそのどちらかになる。

ラーメン屋の方は自分の同級生の家だったので、時々その少し太った少年が、岡持ちを持って我が家に現れることがあった。岡持ちの蓋を開けて、慣れない手つきでラーメンのどんぶりやチャーハンの皿を取り出すと、「俺も食いてえなあ、なあ、一口くれよ」などと自分の家の商品を羨ましがることもあった。そのあと彼の家はラーメン屋を畳んで不動産屋に職種転換してしまったので、ラーメンを出前で取る機会はなくなってしまったが、少年は少しだけ贅肉が落ちた。

蕎麦屋の方は、相変わらず月に何度か我が家に蕎麦や天丼を届けに現れ、時々肩のあたりまで蕎麦のどんぶりや蕎麦猪口を載せたお盆を掲げ、うまいぐあいにバランスを取りながら街中の通りを自転車で通り過ぎていく姿を見かけることもあった。この街のどこかに暮らす誰かのもとに、あのお盆の上の蕎麦が届けられるのかと思うと、外を駆け回っていたせいでいつもお腹が空いていた私は、羨ましくてたまらなかったのを思い出す。

＊

食べ物を自分の家まで持って来てくれるというサービスは、どこの国にも当たり前にあるものなのかというと、そんなことはないようだ。今でこそフード・デリバリー・サービスが発達して、世界の多くの国でネットから自分の食べたい料理を選んで、代行者に運んでもらえるようになったが、例えばイタリアの場合だと、今のようなフード・デリバリーが普及する前から、基本的に事務所やお店に勤めている人に限り、近所のバールからエスプレッソやカプチーノなどの飲み物を取り寄せる習慣がある。しかし、食べ物そのものをレストランから運んでもらうというのは一般的ではない。デリバリーと言えばピッツェリアだが、電話で注文をして焼いておいてもらったピッツァは、こちらから取りにいくものであって、届けてもらうわけではない。

もちろん例外もある。

私がフィレンツェで留学生生活を送っていた頃、中国人が経営する中華料理屋が出前サービスを始めたことがあった。今から三十年ほど前の話だ。ネットはまだ普及していなかったので注文方法は電話しかないし、オーダーを受ける中国人はイタリアに来て間もないのか、なかなか言葉が通じない。本当に自分の頼んだものが届くかどうか配達が来るまでハラハラさせられるが、アルミの容器に入った店屋物というよりはどこかのご家庭のお裾分けのようにも見える料理は、たとえ注文と違っていたとしても、どれも美味しかった。自分の家で自分が作れない料理をいただく、それこそが私にとっての出前の旨味だった。

＊

可能な範囲で調べてみたところ、やはり日本における出前は他国に比べて抜きん出てその歴史も古く、商業文化における大事なサービスとして発展してきたようだ。江戸時代中期の版画に、天秤式の岡持ちを持った蕎麦屋が描かれている。考えてみたら、調理済みの料理に限らず、かつての日本には通りを行く行商の人に声さえかければ野菜でも魚でも何でも家先まで持ってきてくれる商業文化が定着していたのだ。

ちなみに、アメリカで一九五〇年代の後半から始まったとされるピッツァのデリバリーが日本に導入されたのは一九八五年。これは従来の日本式とは違う、新しい形での出前であり、今のフード・デリバリーの先駆的なものとも言えるかもしれない。二〇〇〇年頃になると、レストランの料理を一般の家に届けるフード・デリバリーの代行業者が現れるようになり、和洋中華に限らず、タイ料理だろうが本格イタリアンだろうがスイーツだろうが、とにかくあらゆる味覚をレストランへ行かずして、家でも堪能できるようになった。

そして現在（この項を執筆した二〇二〇年）のように疫病流行による外出自粛規制下であっても、背中に配達用のリュックを背負って自転車などで行き来している配達人の姿は減ることはない。自粛が叶わない非正規雇用という立場を重たく受け止める一方で、あなたたちがいるおかげで絶望的な気持ちを免れることができている、という感謝の思いがこみ上げてくる。

日本での飲食業に携わる外国人労働者もまた、人知れず歯を食いしばりながら頑張っている。先日我が家にカレーを届けてくれたインド料理店のネパール人の青年（マスクで顔が覆われていたので、もしかしたらもっと年配者かもしれないが）に、思わず「故郷やご家族が心配じゃないですか」と問いかけると、その人は「心配です、とても」と即答し、「でも私の仕事がなくなるの、もっと心配。家族食べられない、生きられない」と重ねた。「またよろしくお願いします」と、深々と腰を折り丁寧な挨拶をしてその人は去って行ったが、彼らもまた生き延びる保証を得ることのできないこの状況下において、出稼ぎ先である日本と故郷を同時に支えている大切な人たちであることには違いない。

いち早く都市のロックダウンに踏み切り、経済的打撃への不安を口にすれば、「人の命と金とどっちが大事なんだ」とピシャリと言い返してくるような家族が暮らすイタリアでも、様々な厳しい規制や措置が取られている中で、フード・デリバリーの需要は絶えていない。彼らは医療従事者や生活必需品を扱う店の従業員たちなどと並んで、国民から厚く感謝されている。

先日テレビで見たパンデミック関連のドキュメンタリーで、フランスの経済学者があらゆる生き方において、利他性が発揮できなければ個人としての利益や安心にもつながらない、という内容のことを話していた。彼がそこで用いていた利他性とは、今回の感染症の対策も、開発途上国や発展途上国を思いやることができなくなれば、その影響は自分たちにも及ぶという意味にかかっていたが、医療でも運搬でも販売でも、自分たちの身近にも利他的に生きる人は大勢いる。様々な情報や人々の意見が錯綜する中で、荒みがちになっている私たちのもとへ、料理人が作った美味しくて温かい、出来立ての料理を運んでくれる出前はまさに、他者を思いやるサービスを象徴する仕事だ。

ふと思い立って、イタリアで一人きりでの自宅軟禁状態になっている夫に、フード・デリバリー・ネットを介して、街で一番美味しいと言われているパティシエのケーキをオーダーしてみたところ、誕生日に手書きのカードを送った時の何十倍も嬉しそうな声で電話がかかってきた。ケーキを届けてくれたのは若者ではなく、私くらいの年齢の主婦だったという。おそらく経済的に厳しい背景を抱えているのかもしれない。本当だったらそんな仕事はせずにステイ・ホームを選びたいところなんだろうけど、でもすごくにこやかで明るかったんだよ、と夫。「頑張って乗り切りましょうって、声を掛け合ったよ」とのこと。もう二か月近く生身の人間とのコミュニケーションが途絶え、人と言葉を交わすことに飢渇していた夫にとっては、その女性との短いやりとりは束の間の喜びだったに違いない。出前は美味しい食べ物とともに、少しだけ垣間見える配達人の人柄も含め、前向きな気持ちを運んできてくれる効果もあるということだ。

日本の、そして世界中の食べ物配達員の皆さんに心から感謝を捧げます。

Ⅳ　味覚の自由を謳歌する

二〇一九年の夏、当時十九歳だった実家のゴールデンレトリバーのピエラが老衰で弱り、もうそろそろ危ないというので、入院中の母に代わって面倒を見てくださっていたご家族のお宅を訪れた。

ゴールデンレトリバーの十九歳と言えばギネスに記録されるほどの高齢だが、それでも少し前までは元気に散歩もしていたし、足腰が弱る気配もないほど健康だったという。自らの命の終焉を悟ってなのか、数日前から少量の水しか飲まなくなったというピエラは毛布の上に力なく横たわっていたが、私と息子の声が玄関から聞こえてくるなり、ゆっくりこちらの方へ頭を上げ、尻尾をパタパタと動かした。

かつて幼い子供を連れてイタリアから日本に戻り、札幌でテレビのレポーターや大学の講師をしながら忙しくしていた私の代わりに、息子が寂しくならないようにと迎え入れたピエラだったが、私たちが再び海外に移り住むことになったのを機に、母が彼女の主人となった。当時母はすでに古希を迎えていたが、毎朝大型犬であるピエラに引っ張られながら、髪を山姥のように振り乱しつつ、散歩ならぬ散走する姿はご近所のちょっとした名物となっていた。

傘寿《さんじゅ》を過ぎてもなお老犬ピエラとのエネルギッシュな毎日を過ごしていた母は、食生活もダイナミックだった。私が目撃したのは、机に広げた夕刊を読みながら、ビール片手にとんかつをバリバリと頬張っている母の姿だった。額を汗で湿らせながら、夕刊の記事にぶつくさとぼやきつつ、ビールでとんかつを流し込んでいる主人を、老齢のピエラが脇に座ってじっと見つめている。主人のとんかつの食いっぷりに刺激され、食欲を抑えきれないような、切迫した眼差しだった。母はそんなピエラを一瞥すると、テーブルの皿に載っていたとんかつの最後の一切れをつまんで、ピエラの口元へ差し出したのである。驚いた私が何か言う前に、ピエラは虫を捕獲するカメレオンの舌のような速さで、とんかつを飲み込んでしまった。

「何やってるの、ピエラにとんかつなんかあげちゃダメだよ！」と、驚きに任せて喚く私に母は表情ひとつ変えず、「平気よ」と一言だけ答えて、そのまま険しい顔で新聞をめくり続けていた。

「平気ったって、ピエラはもう高齢なんだから」

「あたしだって高齢よ」と新聞に目を落としたまま、「いつまで生きるのかわかりゃしないんだし、美味しいものくらい自由に食べたいじゃないの。気にし過ぎこそ体の毒」と私を黙らせた。

　以前は、母もそれなりにピエラの健康を慮って、人間の食べるものをあげることなどしていなかったはずなのだが、老齢の域に入って気にするのをやめてしまったらしい。私だけではなく、息子も母に注意をしたが、こちらの意見を受け入れているような様子はなかった。


　あれから十年、寿命を迎えたピエラがそれまでにどんなものを食べ続けてきたのか知る術も無いが、ペットとして一般的な食事のケアをされていたかどうかは疑わしい。それでもギネス級に長生きできたのはどういうわけなのか。

　私たちの前に横たわるピエラは痩せてはいたが、目はキラキラと輝いていた。彼女の視線の先には、私がこのご家族にお土産として持ってきたバウムクーヘンがあった。老衰の犬とは思えぬ生き生きとした目つきに一瞬皆で躊躇するも、久しぶりに食べ物に反応したピエラには抗えず、「ためしに一口あげてみましょうか」ということになった。そして、一切れのバウムクーヘンをそっとピエラの口元へ差し出すと、それまで力なく横たわっていた様子とは打って変わって、獲物を捕獲するカメレオンの舌のごとき速さで、私の差し出したバウムクーヘンを、あっという間に飲み込んでしまったのだった。「ピエラ……」と、その場にいた全員が呆気に取られた。ピエラはバウムクーヘンに満足すると、再び毛布に上体を横たえ、尻尾をパタパタと振った。撫でてあげると目を細めて幸せそうだった。

その二日後、ピエラが静かに息を引き取りました、という連絡をご家族から受け取った。結局バウムクーヘンがピエラにとっての最後の食事となったわけだが、最後に食べたいものを食べられてきっと嬉しかったに違いない、という解釈に皆落ち着くことにした。

＊

ピエラが亡くなった三年後に母も入院先の病院で他界したが、ピエラへのずさんとも思えるあの食事の与え方と自分自身の食に対しての姿勢は、おそらく子供の頃に経験した戦争での困窮が無関係ではなかったはずだ。

それまでは裕福な家に育ち、住み込みのお手伝いさんが作る美味しい食事だけをしてきたような母が、戦争によって生活の安定を失い、生きながらえるためになんでも食べなければいけないという状況下に陥った、あの幼い頃の苦しさや切なさが、生きているうちは食べたいものを食べてなんぼ、という意識を形作っていったのだと思う。

だいぶ前になるが、母を含む友人知人、そして当時の私のイタリア語の生徒を含む総勢三十名をシチリア旅行に案内したことがあった。この旅で、人によって美味しさの価値観にどれだけ差異があるのか、美味しさという感覚を共有することの難しさを痛感させられたことがある。

当時シチリアのチェファルーという小都市に暮らしていた友人のイタリア人が営む旅行代理店に、この旅行のコーディネートを依頼したところ、日本人との仕事の経験が無かった彼らは、イタリア人用のツアーと同じ内容のものをセッティングしてくれた。その方が、知られざるシチリアを知ることができるので、きっと皆喜ぶだろうと判断したからだ。

古代から地中海文明の交差路だったシチリアは、島内の地域によってそこで育まれた文化もそれぞれ特徴が異なるが、食事も同じだ。コーディネーターはそれぞれの場所で、地元の人たちが手軽に訪れるような、決してゴージャスでもなければ見栄えも冴えない建物であっても、自分を含め皆が「あそこなら美味しい」と自信をもって勧められるレストランを選んでくれていた。

ところが、その三十名の日本人観光客の中に、そうした大衆的なレストランは気が進まないと申し出てくる人たちがあらわれた。彼らは参加者の中でも特に裕福な人たちで、日本でも普段から一本何万円もするようなワインを嗜んでいた。イタリアは何度も来ているけれど、シチリアのマニアックな場所にはなかなか行けないから、という理由での参加だったが、とにかくどこへ連れていっても食事に対する不満をあらわにしていた。

せっかくシチリアまで遥々やって来たのに、ワインリストも出してくれない店では食事はしたくない、と頑ななので、彼らには急遽、自由に好きなところでごはんを食べてもらうようにした。レストランを選んだコーディネーターは、「ここは私が子供の時から、何か特別なことがあれば連れてきてもらえた、自分にとって一番のレストランだったんですが」と残念そうだった。

かたや、母を含む昭和一桁生まれチームは、どのレストランで何を食べてもご満悦な様子だった。テラスのテーブルで男女六名ほど、平均年齢は七十代半ばといったところだろうか。母はむしったパンを口に入れては、「ああ、パンまで美味しい！」などとやたらと歓喜している。地元のテーブルワインをグラスに注ぎ合っては、「地元のワインは最高」と褒め称えてゴクゴク飲みつつ、「ああ、いい気持ち、生きててよかった」などと笑い合いながら、紫外線など気にせず顔を太陽に向けて日光浴をしている。ちょっと大げさ過ぎやしないかと半ば呆れはしたが、同じ旅でも、そして同じ食事でも、こうも受け取りかたが違ってくると考えさせられるものがあった。

＊

戦後の日本に世界の広さを伝えたジャーナリストの兼高かおるさんと対談をした時のこと、彼女は「どこで何を食べても美味しいと思えるほうが得じゃないの」と言っていた。ご自身の冠番組の撮影で訪れたアフリカの村では、ふと目にした厨房の料理人が、客人に振る舞うための料理を煮込んでいる鍋に次から次へと鼻の中の分泌物を投じているのが目に入った。周りの人もそれを見ているのに、誰も何も言わない。歓迎の食事会でその煮込みが出されて狼狽えた兼高さんだったが、見ず知らずの土地の人と距離を狭めるには味覚の共有は必須と判断して、周りと同じようにもりもりと食べたのだそうだ。

「わたくしね、わかったのよ」と、私の顔をじっと見つめながら兼高さんは言った。

「つまりね、あのハナクソは塩分ということだったのよ。塩が滅多に手に入らない地域だから、そのためだったということがわかったの」

周りが歓迎ムードでわいわい美味しそうに同じものを食べているのを見ていたら、すっかり気にならなくなってしまったそうだ。

「いつまで生きるのかわからないのだから、美味しいものくらい自由に食べたい」という母の言葉や、「どこで何を食べても美味しいと思えるほうが得」という兼高かおるさんの言葉に垣間見える、味覚という幸福感への飽くなき欲求は、私たちに潜在する生命力の強さを示す指標とも言えるだろう。

フィレンツェに留学していた若かりし頃、日本からイタリアへ戻るのに、ソビエト時代のモスクワで一泊トランジットをしたことがある。連れて行かれたホテルで食事に出されたのは、得体の知れないネズミ色のスープのようなものだった。スプーンで掬ってみると、小骨と溶けかけた肉の残骸が浮かんでいる。背後にイタリア人の親子連れが座っていたが、「パパ、これネズミのスープ?」と問いかける子供の質問に「じゃないことを願う」と父親が苦笑いをしながら答えていた。

かたや、私のテーブルの並びでは、アフリカのどこかの国でのボランティアから戻ってきたイタリア人の若者四人組が、皿まで食べ尽くす勢いでそのスープを平らげていた。「ああ、久々に旨いもの喰った! 最高」などと嬉しそうにしている。日焼けした肌に髭が生え放題の彼らの満足そうな顔を見ていると、なんとなくだがそのネズミ色のスープが美味しく思えてくるのだから実に不思議である。

うちの子供は、友人と日本のとある山に登山に出かけた際に、山麓のコンビニで昼時に食べようと思って買ったおにぎりがカチカチに凍ってしまっていたことがあったそうだ。しかし、偶然友人がカップ麺を一つだけ持っていたので、雪を溶かし、それを沸かして作ったカップ麺を二人で分け合ったのだという。息子によれば「あんなに美味しいものがこの世にあるのかと思ったくらい、素晴らしい味だった」のだそうだ。家に戻ってから同じカップ麺を食べてもあの時の感動が蘇ることはなかったそうだが、当然だろう。

人間にとって美味しさというのは、味覚だけではなく、視覚や聴覚など、あらゆる感覚がグルーヴすることで作られるものなのだ。我々の持ち前の想像力が刺激され、稼働することによって生まれてくるものなのである。

この世界では、全員一致で美味しいものなど存在しない。同種族の人間であっても、それぞれどんな生き方をしてきたのか、そしてどんな感性の持ち主なのかによって美味しさの沸点も概念も違う。

それを踏まえると、味覚というのはどこまでも自由だということだ。

人間の歴史において、食欲と味覚に想像力の自由が常に許されてきたことを思うと、社会で何が起こっていようと、どんな不条理が発生しようと、まだなんとかやっていけそうな気がするというものである。味覚の喜びというのは、この世を生き抜く私たちの魂にとって、自由を謳歌する頼もしい味方なのである。

あとがき

幼い頃の私は、贅沢とは無縁だった。

シングルマザーで音楽家の母が背負っている生活と子育てへの責務の重さを、大好きな音楽のために一生懸命働くことで解消していたのは、子供である私にもよくわかっていた。だから、たとえバターと砂糖が間に塗り込まれた食パンが押し込まれただけのお弁当であろうと、誰もいない家に帰ってきて机の上に「これで何か買って食べるように」という置き手紙と一緒に千円札が置いてあろうと、何でうちの母はこんなに忙しいのだろう、どうしてお友達のお母さんたちとこうも違うのだろう、と嘆くことはなかった。

たまにおにぎりが作り置きしてあることもあったが、丸とも三角ともいえない中途半端な形状で、母に一度でいいから丸か三角かはっきり形のわかるおにぎりを握ってくれと頼んだこともある。

「きちんと握れてるんだから、形なんてどうだっていいじゃないの」と笑いつつ、「じゃあ仕方がない、今度はしっかり三角にしてあげるよ」と約束してはくれたものの、母の握ってくれるおにぎりはそれ以降も結局いつもと同じ丸三角形だった。

そのことを母に抗議したが、「どこからどう見ても正真正銘の三角じゃないの」と最後まで譲らなかった。私と妹は仕方なく、おにぎりやお弁当など自分たちが食べたいものは自分たちで作るようになった。

バリバリの戦中派として世の中のあらゆる不条理と理不尽をくぐり抜け、戦後から愛読し続けてきた「暮しの手帖」の影響で、資本主義的経済市場に対し悉《ことごと》く懐疑的だった彼女は、進化する電気式調理器具にはそっぽをむき、インスタント食品を嫌い、パンでもお菓子でも手作りが一番だと信じて譲らなかった。

そのせいで母が決して買ってくれることのない市販のお菓子は私にとってとてつもない憧れとなり、たとえ母の自家製アップルパイがテーブルの上に山積みになっていようと、友達が遊びに来る時は、よそ様のお宅を訪ねた時に出されるようなお菓子（たとえばハッピーターンやブルボンのルマンドなど）を自分の小遣いでわざわざ調達し、それをお皿に載せ、母が嫌悪していた果汁ゼロのオレンジジュースと一緒に恭《うやうや》しく振る舞うこともあった。夜に仕事から戻ってきた母は、アップルパイは手付かずのままで、屑籠に市販の菓子の包み紙が捨ててあるのを見てガッカリしたかもしれないが、私を咎めることはなかった。

しかし、今思えば、あのいびつな形状のおにぎりの米は、その頃まだ珍しかった北海道で米農家を営むバイオリンのお弟子さんの家から分けてもらっていたもので、それを母の自慢の文化釜で炊いていたわけだから相当美味しかったはずだし、ニセコや帯広のお弟子さんからもらってきたジャガイモもトウモロコシも、当たり前だがスーパーマーケットで買ってくるものとは鮮度が違った。釧路や根室まで出稽古に行き、自家用車であるハイエースに積んで帰ってくる秋刀魚も花咲蟹も漁業に携わるお弟子さんの家からもらってきたものだったが、今思えば、あれもかなりのご馳走だった。

オーケストラの団員の給料などスズメの涙程度だったし、私たちの住まいは古くて狭い市営住宅だったが、ピアノの上に飾られてあるレプリカのモナリザに見つめられながら食事を取れば、それが蒸した新ジャガにバターを載せただけのものであろうと、別段貧乏な気持ちがするわけでもなかった。美食と金銭的価値は決していつも結びつくものではない、ということを私はあの頃無意識に習得していたのかもしれない。

貧乏だからといって、まずいものしか食べられない、ということはない。味覚というのは想像力の力を借りさえすれば、いかようにでも美味しさという幸福感を与えてくれる。イタリアでのド貧乏学生時代は、お金も食べるものも無くなり絶望的な状況に陥ったことが何度もあるが、そんな時にやっとありつけた食事の美味しさだけは克明に覚えている。安寧の中でいただくミシュランの星付きレストランでのゴージャスな食事もいいけれど、私にとって美味しさとは、空腹と食欲という本能の容赦ないアグレッシブさがあってこそ、極みをもたらしてくれるものなのである。

＊

イタリアのネオレアリズモ映画の名作『自転車泥棒』の中に、失業中の父親が息子を連れて思い切って入ったレストランで、ウェイターに一枚のピッツァと水を頼むが「ここはトラットリアでピッツェリアではありません」と冷たくあしらわれるシーンがある。

貧乏と空腹の悲しみを癒してくれるピッツァにありつくことができなかった代わりに

彼らが何を食べたのか、どうしても思い出すことができず、改めて映画を見直してみると、奥のテーブルに座っていた裕福そうな子供が頬張っている「モッツァレラ・イン・カロッツァ」というモッツァレラチーズをパンに挟んで揚げた料理を注文し、それを黙々と食らっていた。

レストランにいるお上品な客の誰よりも料理の美味しさを全身全霊で受け止めている親子の様子を見ているだけで涎《よだれ》が止めどもなく分泌し、お腹が鳴った。近いうちに自分でも作ってみよう。十分にお腹を減らして。

二〇二三年十月
ヤマザキマリ

あとがき

本書は、フジ日本精糖株式会社ホームページでの連載「ヤマザキマリの『世界を食べる』」をもとに加筆・修正し、再構成したものです。

ヤマザキマリ　1967年生まれ。漫画家・文筆家・画家。17歳でフィレンツェに留学。97年、漫画家デビュー。著書に『テルマエ・ロマエ』『プリニウス』（とり・みきとの共著）『パスタぎらい』など。

Ⓢ新潮新書

1018

貧乏《びんぼう》ピッツァ

著　者　ヤマザキマリ

2023年11月20日　発行
2024年１月30日　３刷

発行者　佐　藤　隆　信

発行所　株式会社 新潮社

〒162-8711　東京都新宿区矢来町71番地
編集部（03）3266-5430　読者係（03）3266-5111
https://www.shinchosha.co.jp
帯・扉画　ヤマザキマリ
装幀　新潮社装幀室

印刷所　株式会社光邦
製本所　株式会社大進堂

ISBN978-4-10-611018-4　C0277

価格はカバーに表示してあります。